小学館

新入試に強い！ 日本語論理トレーニング

15ステップですらすら書ける 出《で》口《ぐち》汪《ひろし》の作文講座

出口汪 著

▲パンダ先生

論理とは言葉を一定の規則に従って使うことです。

一文は要点となる主語と述語と、それらを説明する修飾語とで成り立っています。そうやって論理的にできている文ですが、一文が論理的であるように、文と文との間にも論理的な関係があります。文が集まるとひとまとまりの段落になり、段落と段落との間にもやはり論理的な関係があります。そうやって、文章全体が論理的な構成を持ちます。

本書は、そうした論理的な文章の書き方が小学校の中学年にもわかるように、一から順番に練習していきます。焦らずに、一歩一歩、着実に子どもたちを論理の世界に導いていきましょう。

出口　汪

保護者の方へ

今までの作文指導は、学習者の自主性、創造性を尊重するとして、自由に書かせるものがほとんどでした。

他者意識という言葉があります。たとえ親子であっても、お互いに別個の肉体に、別個の体験を積み重ねるのだから、そう簡単にはわかり合えないという意識です。作文はその他者に向かって書くものなのです。ところが、子どもたちにはまだ他者意識が芽生えていません。そこで自分の思いついたこと、頭に浮かんだことをただ羅列するだけになってしまうのです。

そうした練習をいくら積み重ねても、やはり主観的な世界をただ吐き散らしているだけにすぎません。

指導者も子どもたちが書いた作文に対して、おかしい箇所を指摘することでしょう。ところが、多くの指導者は長年の自分の経験からおかしいと判断しているのであり、その経験を持たない子どもにとっては指導者との違いを指摘されただけで、それでは何の解決にもならないのです。

そういった指導が多くの学校、教室で長年にわたって繰り返されてきたのです。しかし、少なくとも、指導者と子どもたちの間に共通の規則、共通の言葉がなければ、どんな練習も効果がありません。

作文は不特定多数の他者に向けて書くものであり、相手が他者である限り、自分の頭に浮かんだものをそのまま書いたところで、相手は理解してくれません。他者を意識させることで、子どもの脳に「言語を論理的に使う必要性」が自覚されていくのです。

もくじ

第三部 論理力を使《つか》って、作文を書こう

ステップ1

主語《しゅご》と述語《じゅつご》

月　日

このステップでは

主語と述語は、文の意味《いみ》の中心になります。まず、主語と述語の役《やく》わりを理解《りかい》しましょう。

・花が　さいた。
・くじらは　大きい。
・わたしは　小学生です。

右の三つの文で、――を引いた「花が」「くじらは」「わたしは」のような「なにが」「だれが」の言葉《ことば》を**主語**といいます。

また、～～を引いた「さいた」「大きい」「小学生です」のような、「どうした」「どんなだ」「なんだ」の言葉を**述語**といいます。

文で大切なのは、この主語と述語です。**主語は、ふつう「○○は」「○○が」の形になります。**

1 主語と述語の関係《かんけい》になる言葉を組み合わせて文にしましょう。

富士山《ふじさん》は
朝食は
馬が

例《れい》　富士山は　高い。

高い。	朝食は
パンだ。	
走る。	馬が

2 上の言葉と、下の述語を線で結《むす》んで、文を作りましょう。同じ言葉を二度使《つか》ってはいけません。

タンポポの花が二つ・	・タンポポだ。
あの黄色い花は・	・黄色い。
タンポポの花は・	・さいた。

論理的《ろんりてき》作文のポイント

文の意味は述語で決まります。

・日本でいちばん高い山は富士山だ。（日本でいちばん高い山はどの山かを伝《つた》えたいとき）

・富士山は日本でいちばん高い。（富士山が日本でどういう山かを伝えたいとき）

どの言葉を述語にするとよいか、考えましょう。

3

上の言葉《ことば》を主語《しゅご》にして、下から述語《じゅつご》を選《えら》んで、文にしましょう。

「バラを買った」だと、主語と述語ではないよ。

例《れい》 バラ / 買った　さいた
→ バラが　さいた。

1 トンボ / とぶ　とった
→ トンボが

2 バス / 来た　乗《の》る
→ バスが

3 先生 / 声だ　話す
→

4 飛行機《ひこうき》 / 速《はや》い　見た
→

5 ぼく / 小学生だ　かばんだ
→

4

下の述語の主語になる言葉に、〇をつけましょう。

1　わたし　はさみ　紙　＋　切った。

2　自転車《じてんしゃ》　買い物《もの》　母　＋　出かける。

3　練習《れんしゅう》　プール　弟　＋　泳《およ》いだ。

4　おやつ　おいしい　手作り　＋　ドーナツだ。

5　レース　選手《せんしゅ》　マラソン　＋　走った。

まとめ

文の意味《いみ》は述語で決《き》まります。主語は「〜が」「〜は」の形です。主語と述語の関係《かんけい》が正しいか、たしかめましょう。

ステップ 2

一文の要点《ようてん》

月　日

このステップでは

一文の要点となる「だれ（何）が、何を、どうした」が、はっきりわかる文を書く練習《れんしゅう》をしましょう。（この「何を」を表《あらわ》す言葉《ことば》を、この本では目的語《もくてきご》といいます。）

・わたしの　弟は　宿題《しゅくだい》を　した。

右の文の主語《しゅご》と述語《じゅつご》をぬき出すと「弟は　した」ですが、これだけでは何をしたのかわかりません。そこで、意味《いみ》がわかるように「何を」の言葉を加《くわ》えましょう。「弟は　宿題を　した」なら、意味がわかります。この**「何を」を表す言葉を、目的語といいます。**

一文の要点（大切なところ）になるのは、主語・述語・目的語です。

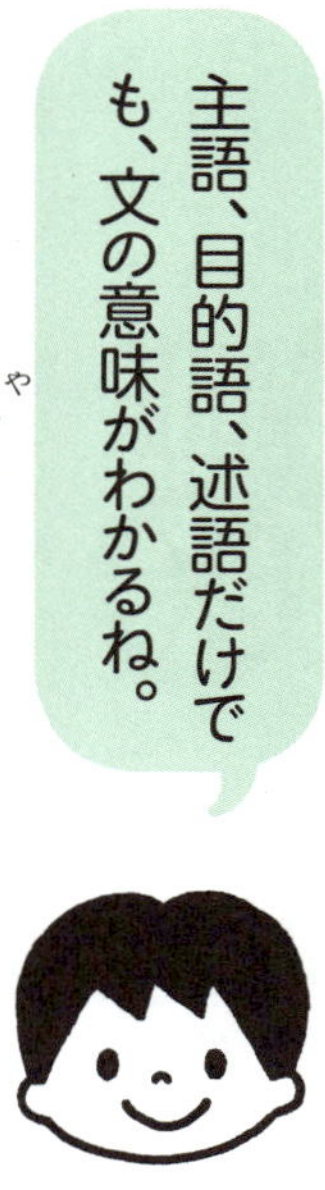
主語、目的語、述語だけでも、文の意味がわかるね。

1 次《つぎ》の文の、主語、述語、目的語をそれぞれ書きましょう。

わたしの　たん生日に　母は　チョコレートの　ケーキを　焼《や》いた。

主語 ［　　］
目的語 ［　　］
述語 ［　　］

昨日《きのう》の　日曜、両親《りょうしん》は　植物園《しょくぶつえん》で　めずらしい　バラを　見た。

主語 ［　　］
目的語 ［　　］
述語 ［　　］

2

例《れい》のように、後の□から目的語を選《えら》んで、文を完成《かんせい》させましょう。

例 ツバメが　巣を　作った。

1 父が　　飲《の》む。

2 母が　　行く。

3 新聞が　　伝《つた》える。

お茶を　巣《す》を　ニュースを　買い物《もの》に

論理的《ろんりてき》作文のポイント

目的語には、「〜を」のほかに、「〜に」「〜も」の形になるものがあります。

・わたしは　学校に　行く。

・（兄は　マンガを　読んだ。）兄は　小説《しょうせつ》も　読んだ。

主語と述語だけでは意味がよくわからないときは、どんな言葉があればよいか、考えましょう。

3 次《つぎ》の文の主語《しゅご》、目的語《もくてきご》、述語《じゅつご》をぬき出して、例《れい》のように文を作りましょう。

例 妹は　夏休みに　庭《にわ》で　朝顔を　育《そだ》てた。

↓

妹は朝顔を育てた。

1 大きな　鳥が　ゆうゆうと　空を　とんでいる。

2 多くの　草木が　色とりどりの　花を　さかせている。

3 コンピューターは　とても　たくさんの　情報《じょうほう》を　記録《きろく》できる。

4 姉は　毎日　家で　ゴミ出しや　食器洗《しょっきあら》いなどの　手伝《てつだ》いを　している。

4

次の三つの言葉《ことば》をならべかえて、主語、目的語、述語のある文を書きましょう。
（それぞれ、どれか一つの言葉は、役《やく》わりが決《き》まっています）

例 メダカ 産《う》んだ たまご → メダカが たまごを 産んだ。

1 水 飲《の》む 馬 → 馬が

2 父 弟 しかる → 弟を

3 気《き》持《も》ち 明るくする 歌 → 明るくする。

4 地《じ》面《めん》 雨 ぬらす。 → 雨が

まとめ

主語と述語だけでは文の意味《いみ》がわからないときは、目的語を付《つ》けたして意味のわかる文にしましょう。

ステップ 3

言葉《ことば》のつながり

月　日

このステップでは

文の中の言葉と言葉は、必《かなら》ず意味《いみ》がつながっています。言葉がどのようにつながっているのか、たしかめてみましょう。

●説明《せつめい》する言葉、される言葉

しまもようの ねこ

上の絵を見て、□にあてはまる言葉を書くことができますか。「しまもようの」のほかに、「すました」「かわいい」などが考えられます。この「しまもようの」「すました」「かわいい」は、すべて「ねこ」をくわしく説明《せつめい》する言葉です。

例《れい》　大きな　白い　犬が　水を　飲《の》んだ。

文の中の言葉も、同じように考えることができます。例文の犬は、どんな犬でしょう。「大きな　犬」「白い　犬」ですね。「大きな」「白い」は、どんな「犬」かをくわしく説明する言葉です。

1 右のねこの絵のように、□にあてはまる言葉を、□に書きましょう。

□ ケーキ

(例) たん生日の

2

例のようにして、上のしつ問《もん》に答えましょう。

例　図書館《としょかん》には　むずかしい　本が　たくさん　ある。

どんな本がありますか。→ **むずかしい** 本

1　公園の　ベンチで　犬を　連《つ》れた　人が　本を　読んでいる。

どんな人ですか。→ 犬を ［　　　　］ 人

何を読んでいますか。→ ［　　　　］ 読んでいる。

2　人気の　パン屋《や》さんに　朝早くから　人が　ならんでいる。

どんなパン屋さんですか。→ ［　　　　］ パン屋さん。

いつからならんでいますか。→ ［　　　　］ ならんでいる。

言葉のつながりがわかると、文の意味がきっちりわかるね。
作文を書くときも、言葉がちゃんとつながっているか、気をつけようね。

論理的《ろんりてき》作文のポイント

言葉をくわしく説明する言葉には二種類《しゅるい》あります。

①ものや人を説明する言葉　「大きな　犬」「おいしい　ケーキ」「きれいな　人」

②動作《どうさ》や様子《ようす》をくわしくする言葉　「たくさん　食べる」「ひらひら　散《ち》る」「ずいぶん　静《しず》かだ」

どんな言葉を使《つか》うと、様子がより伝《つた》わりやすいか、説明する言葉をたくさん使えるようにしていきましょう。

3

例《れい》のようにして、言葉《ことば》のつながりを矢印《やじるし》で表《あらわ》しましょう。

例　公園の　池に　かもが　いる。

公園の→池に
池に→いる
かもが→いる

1　わたしは　スイミングスクールで　クロールの　泳《およ》ぎ方を　習《なら》った。

2　中庭《なかにわ》の　花だんに　色とりどりの　チューリップが　たくさん　さいた。

3　母は　家の　近くに　新しく　できた　書店で　文庫本《ぶんこぼん》を　買った。

すべての言葉がほかの言葉とつながっているね。

1行作文

くわしく説明《せつめい》する言葉を入れて、文を考えて書きましょう。

父は　　　　　　　　　　　　わすれた。

（ますはあまってもかまいません。）

4

例のようにして、言葉と言葉のつながりを図に表しましょう。

例 先生は　音楽室で　ピアノを　ひいた。

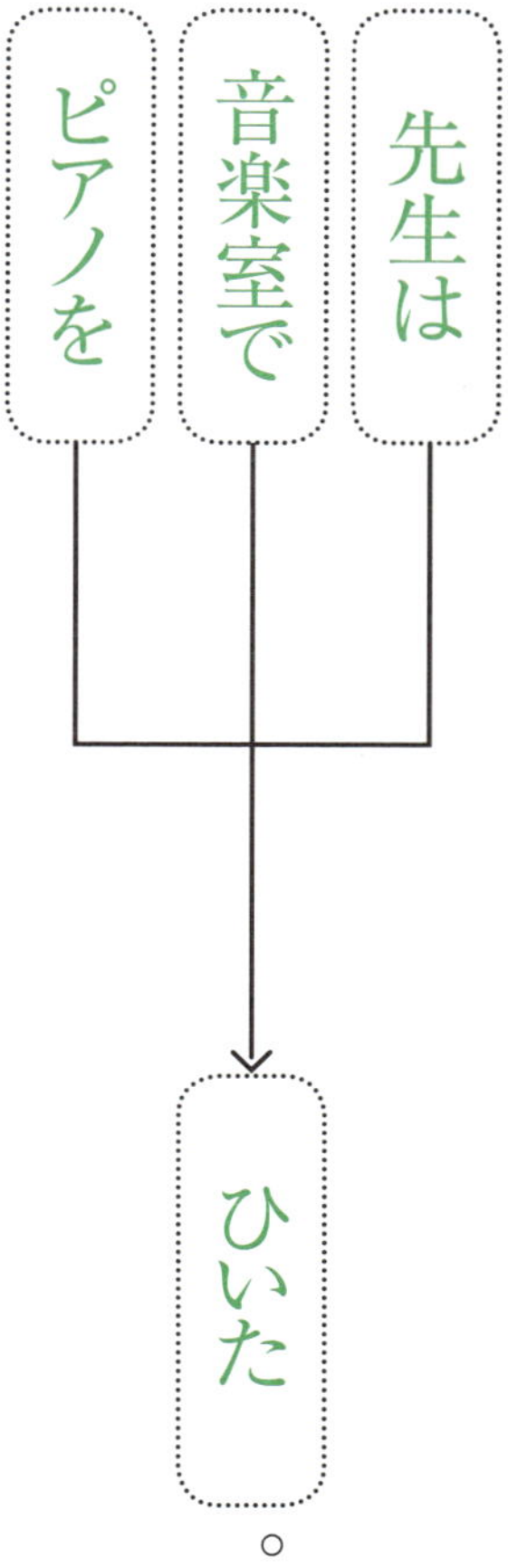

ぼくは　水面《すいめん》を　はねる　魚を　河原《かわら》で　見た。

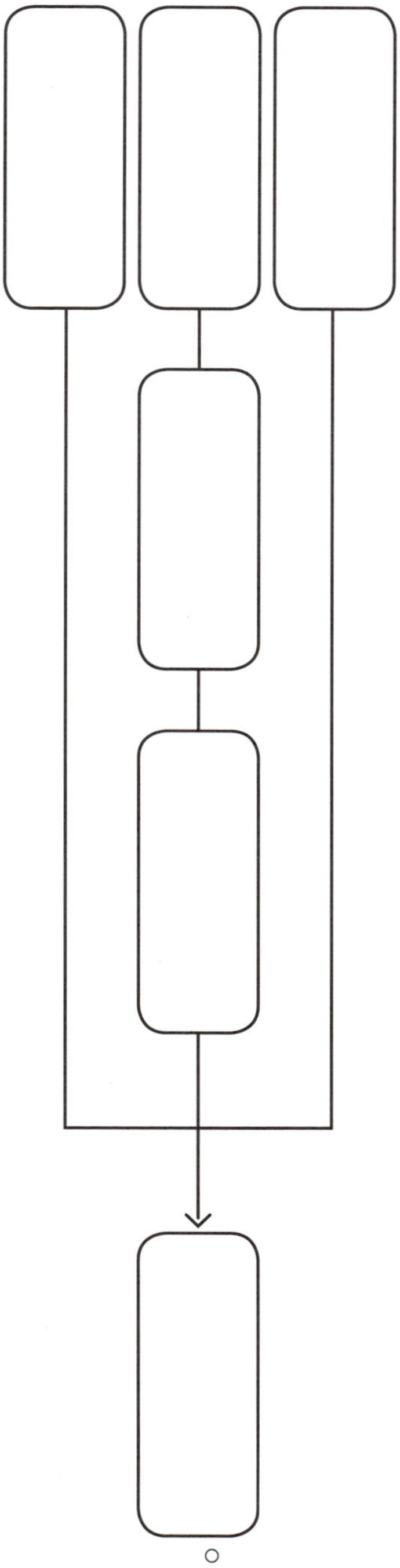

まとめ

文の中で、言葉はほかの言葉とつながっています。文を書くときには、言葉のつながりを意《い》しきしましょう。

ステップ
4
文の書きかえ

月　　日

このステップでは

主語《しゅご》を入れかえたり、二つの文を一つの文にしたりして、文の書き方の基本《きほん》を練習《れんしゅう》しましょう。

● 主語・述語《じゅつご》を入れかえる

例《れい》

・奈良《なら》の法隆寺《ほうりゅうじ》は、世界《せかい》でいちばん古い木造《もくぞう》の建《けん》ちく物《ぶつ》だ。

・世界でいちばん古い木造の建ちく物は、奈良の法隆寺だ。

ステップ1で、文の意味《いみ》の中心は述語であることを学習しました。主語と述語を入れかえると、文の意味は同じでも、伝《つた》わり方が変《か》わります。

右の文は、法隆寺がどんな建物《たてもの》かを説明《せつめい》しているよ。

左の文は、いちばん古い木造の建物が法隆寺だといっているんだね。

1 ――線の言葉《ことば》が主語になるように文を書きかえましょう。

1 環境《かんきょう》にやさしいといわれるのが風力発電《はつでん》だ。

風力発電は

2 親から子、子から孫《まご》へと語りつがれてきた物語《ものがたり》が昔話《むかしばなし》です。

昔話は

2

――線の言葉が述語になるように文を書きかえましょう。

1 『キュリー夫人《ふじん》』は、図書館《としょかん》で一番人気の伝記《でんき》です。

『キュリー夫人』です。

2 回文《かいぶん》は、上から読んでも下から読んでも同じ読み方になる文です。

回文です。

3 ニュースとは、毎日起こるさまざまな出来事のうち、テレビや新聞などで多くの人に伝えられるものです。

ニュースです。

1行作文

次《つぎ》の文の言葉の順番《じゅんばん》を入れかえて、同じ意味の文を書きましょう。

夏至《げし》は、一年でいちばん昼間の時間が長い日です。

夏至です。

（ますはあまってもかまいません。）

いろいろな文の書きかえ① 言葉《ことば》の順番《じゅんばん》を入れかえる

例《れい》のようにして、言葉の順番を入れかえることで、意味《いみ》を変《か》えずに文を書きかえましょう。

例 木の葉《は》が　風に　とばされた。（「風」を主語《しゅご》にする）

↓

風が　木の葉を　とばした。

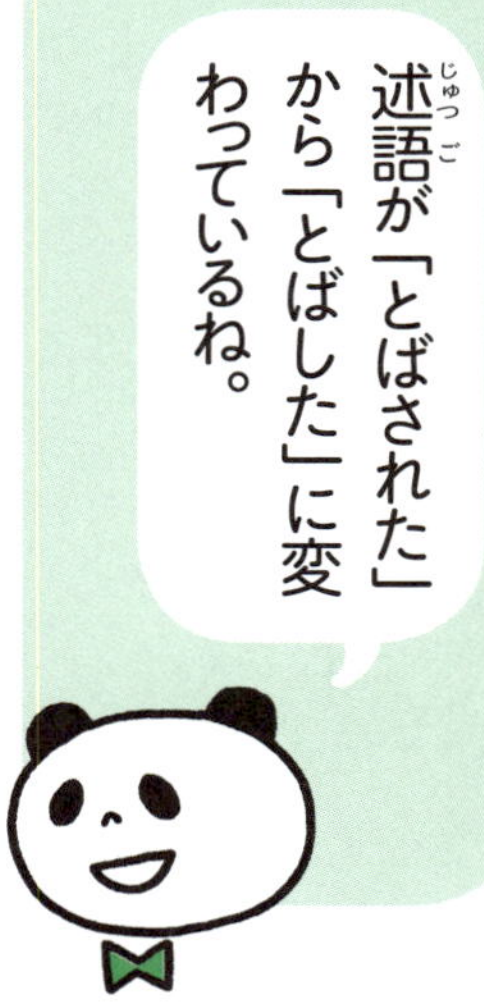
述語《じゅつご》が「とばされた」から「とばした」に変わっているね。

1 母が落《お》としたさいふは親切な人に拾《ひろ》われた。（「**親切な人が**」を主語にする）

親切な人が

2 広い野外の会場は大ぜいの観客《かんきゃく》でいっぱいになった。（「**大ぜいの観客が**」を主語にする）

大ぜいの観客が

3 バトンは最終走者《さいしゅうそうしゃ》のかれにわたった。（「**最終走者のかれが**」を主語にする）

最終走者のかれが

いろいろな文の書きかえ② 言葉の形を変える

例のようにして、アとイの文が同じ意味になるように、言葉を変えて書きましょう。

例
ア こんなにむずかしい問題《もんだい》はとくことができない。
イ こんなに **むずかしい問題でなければ** とくことができる。

1
ア 父はごはんとつけ物《もの》があれば満足《まんぞく》だ。
イ 父は ［　　　　　］ 満足できない。

2
ア 練習《れんしゅう》不足《ぶそく》だけが敗因《はいいん》ではない。
イ 練習不足以外《いがい》にも ［　　　　　］。

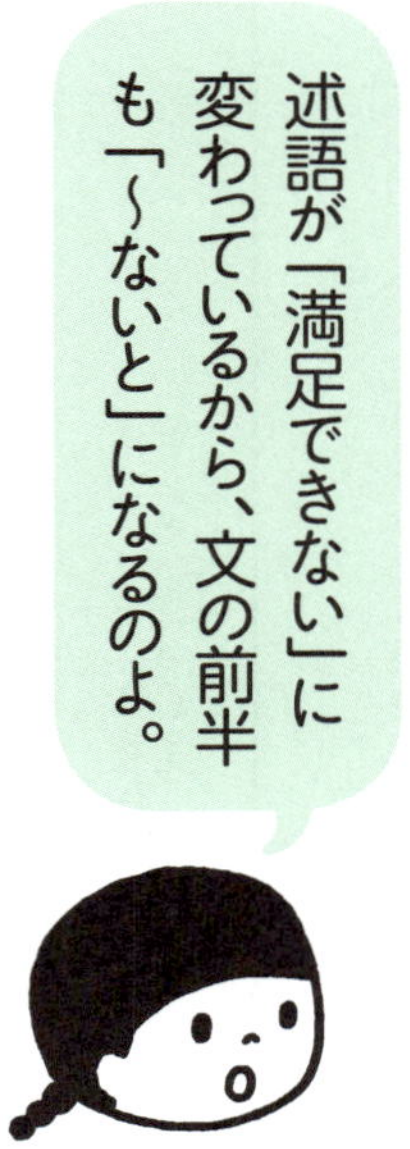
述語が「満足できない」に変わっているから、文の前半も「〜ないと」になるのよ。

短《みじか》い作文

次《つぎ》の文の「いえる」を「いえない」に変えて、同じ意味の文を書きましょう。

この問題がすべてとければ、算数が得意《とくい》だといえる。

（ますはあまってもかまいません。）

いろいろな文の書きかえ③　二文を一文にする

例《れい》のように、右の文の中に、左の文を入れるようにして、二つの文を一つの文にしましょう。

例

・お正月に、おぞうにを食べた。
・おぞうにに、おもちを二つ入れた。

↓

お正月に、おもちを二つ入れたおぞうにを食べた。

1

・今日は宿題《しゅくだい》があります。
・今日の宿題は計算ドリルと漢字《かんじ》プリントです。

今日は、　　　　　　　　あります。

2

・サボテンにはとげが生えている。
・サボテンのとげは、動物《どうぶつ》から身《み》を守《まも》るためにある。

サボテンには　　　　　　　　生えている。

3

・わたしは、英会話《えいかいわ》教室に通っている。
・わたしはしょうらい、観光《かんこう》ガイドになりたい。

わたしは　　　　　　　　通っている。

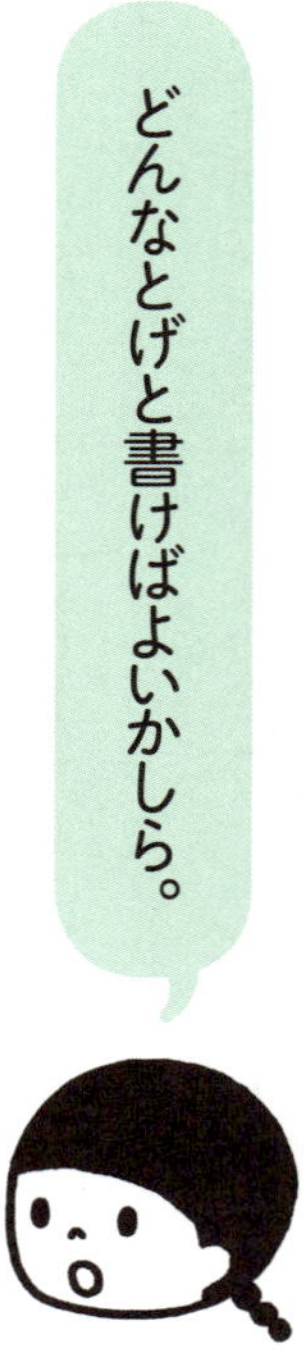

● いろいろな文の書きかえ ④

文の始《はじ》まりに合った形にする

書き出しと終《お》わりが合っていない文を書いてしまうことは、よくあります。文の始まりに合わせて正しい文に書き直しましょう。

例　遠足で行ったのは、水族館《すいぞくかん》がとても広かった。
↓
遠足で行ったのは、とても広い水族館だった。

1　実験《じっけん》でわかったことは、鉄《てつ》はじ石《しゃく》につきました。

実験でわかったことは、

2　わたしが大切にしているものは、たん生日に自転車《じてんしゃ》を買ってもらいました。

わたしが大切にしているものは、

まとめ

・文を書きかえることで、文の中の強調《きょうちょう》したい言葉を変えることができます。
・文の始めと終わりの形が合っていない文を書く人がいます。文を書いたら「何が、何を、どうした。（「どんなだ」「何だ」）の関係《かんけい》が正しくなっているか、たしかめましょう。

ステップ

5

指《し》示《じ》語《ご》（こそあど言葉《ことば》）

月　日

このステップでは

指示語は、文章中《ぶんしょうちゅう》の言葉を「これ」「それ」などと表《あらわ》すものです。指示語を使《つか》うことで、同じ言葉をくり返《かえ》さずに、すっきりとした文章を書くことができます。

指示語は、話し手と相手《あいて》（対象《たいしょう》）とのきょりで使い分けます。

話し手に近い	これ（ここ・この・こっち・こんな）
相手（対象）に近い	それ（そこ・その・そっち・そんな）
どちらからも遠い	あれ（あそこ・あの・あっち・あんな）
わからない	どれ（どこ・どの・どっち・どんな）

例《れい》

わたしは図書館《としょかん》で本をかりました。図書館でかりた本はあまりにおもしろく、家で一気に読んでしまいました。次《つぎ》の日、さっそく友だちに図書館でかりた本の話をしました。

←

わたしは図書館で本をかりました。それはあまりにおもしろく、家で一気に読んでしまいました。次の日、さっそく友だちにその話をしました。

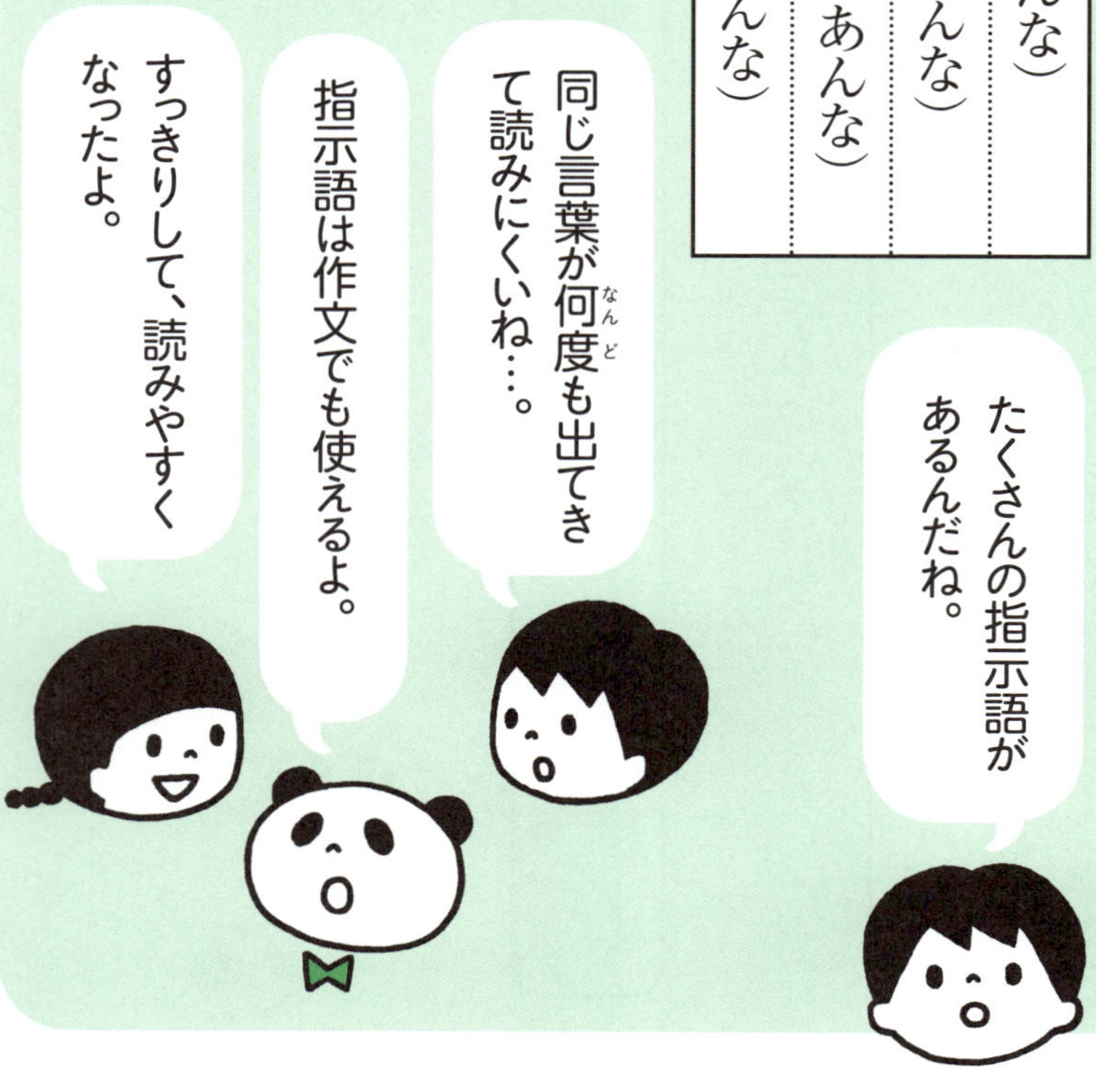
たくさんの指示語があるんだね。
同じ言葉が何度《なんど》も出てきて読みにくいね…。
指示語は作文でも使えるよ。
すっきりして、読みやすくなったよ。

1

次の――線の言葉は何をさしていますか。文中の言葉を答えましょう。

1 妹はふん水を見つけると、そっちのほうに走っていった。

2 「あれは何ですか。」と高い建物《たてもの》を指《ゆび》さして聞いた。

3 これはわたしが大切にしているセーターです。

2

次の――線の言葉は何をさしていますか。文中の言葉を答えましょう。

1 次の休日は公園に行く予定《よてい》です。わたしはそこでスケッチをしようと思います。

2 友だちが二重《にじゅう》とびを五十二回とんだ。あんな記録《きろく》はクラスではじめてだ。

3 テストが返《かえ》ってきた。四十点だった。こんな点をとるのははじめてだったので、わたしはショックを受《う》けた。

論理的《ろんりてき》作文のポイント

指示語はものや方向《ほうこう》、場所《ばしょ》を示《しめ》すだけではありません。「わたしはボランティアに参加《さんか》したいと思います。わたしがこのように思うのは……」など、文の内ようをまとめてさすときにも使います。指示語をうまく使うことで、読みやすい文章を書くことができます。

3

例《れい》のように、［　］にあてはまるように【　】の指示語《しじご》の形を変《か》えて書きましょう。

例　【どれ】あなたは［どんな］食べ物《もの》が好《す》きですか。

1　【それ】［　］本はおもしろい。

2　【これ】「急《いそ》いで［　］に来て。」と弟がよんだ。

3　【あれ】［　］花は何という花ですか。

「どれ」を「どんな」に変えるのね。
「こ」「そ」「あ」「ど」はかえずに、後《あと》に続《つづ》く形を変えるんだね。

短《みじか》い作文

例のように「その」という指示語を使《つか》って続きの文を考えて書きましょう。

例　新しいノートが一さつある。わたしはそのノートをお小づかい帳《ちょう》にすることにした。

新しいノートが一さつある。

（ますはあまってもかまいません。）

4

次《つぎ》の――線の言葉《ことば》は何をさしていますか。文中の言葉を答えましょう。

運動会《うんどうかい》には、ダンスや玉入れなど、運動の力を競《きそ》うためではない種目《しゅもく》があります。①それはなぜでしょう。②このような種目で、みんなで体を動《うご》かして楽しむことも、運動会の目的《もくてき》のひとつだからです。

1 ――①「それ」の内ようをさす一文を、［　］で囲《かこ》みましょう。

2 ――②「このような種目」の例としてあげられているものを二つ書きましょう。

［　　　　］

［　　　　］

指示語がさす言葉を正しく見つけられるようになると、自分が作文を書くときも正しく指示語を使えるようになるよ。

まとめ

指示語を使うことで、すっきりとした文章《ぶんしょう》を書くことができます。指示語と、指示語の示《しめ》す内ようが合っているか、使うときには必《かなら》ずたしかめましょう。

ステップ
6

接続語《せつぞくご》（つなぎ言葉《ことば》）

月　　日

このステップでは

接続語は、文と文の関係《かんけい》を表《あらわ》す言葉です。論理的《ろんりてき》な文章《ぶんしょう》を書くには、接続語の意味《いみ》を理解《りかい》し、正しく使《つか》えるようになることが必要《ひつよう》です。

接続語は文と文の関係を表します。まずは、「しかし」と、「だから」を使って表す文と文の関係を理解しましょう。

●しかし…前のことと、後のことが反対《はんたい》になっている。

例《れい》

スイミングスクールの進級《しんきゅう》テストがあるので、一生けん命練習《めいれんしゅう》しました。

しかし

かぜをひいて、進級テストを受《う》けることができませんでした。

●だから…前のことが起《お》きたので、後のことが起きた。

例

スイミングスクールの進級テストがあるので、一生けん命練習しました。

だから

テストに合格《ごうかく》して、ひとつ上のクラスに行くことができました。

「しかし」の後は、そうなるだろうと予想《よそう》できることとちがう結果《けっか》の文がくるんだね。

一生けん命練習したから、その結果、進級テストに合格したのよね。前の文のことがあったから、後の文のことが起きたといえるわね。

1 次《つぎ》の［　］にあてはまるように、「だから」か「しかし」を書きましょう。

1　明日は朝早くからサッカーの練習《れんしゅう》がある。［　　］今日は早く休むことにした。

2 太陽《たいよう》は東からのぼり、西にしずむ。（　　）太陽が動《うご》いているのではない。

3 急《いそ》いでいたのでタクシーに乗《の》った。（　　）何とか約束《やくそく》の時間に間に合った。

短《みじか》い作文

「だから」に続《つづ》くように、文を考えて書きましょう。

今日は朝から雨がふっている。だから

（ますはあまってもかまいません。）

論理的作文のポイント

「小雨《こさめ》がふっている。しかし、運動会《うんどうかい》は行われた。」

この例文で大事《だいじ》なことは「小雨がふっている」ことと、「運動会は行われた」ことのどちらだと思いますか。「運動会は行われた」ということですね。このように、重要《じゅうよう》なことは「しかし」の後に書くと、読み手に伝《つた》わりやすくなります。

「たとえば」と、「つまり」は、どちらも「イコールの関係《かんけい》」（36ページ）を表《あらわ》す接続語《せつぞくご》です。

● たとえば…後のことが、前のことを具体的《ぐたいてき》にくわしく表している。

例《れい》 公共《こうきょう》しせつは市の中心部《ちゅうしんぶ》に集《あつ》まっています。

〔たとえば〕市の中心部には、市役所《しやくしょ》や図書館《としょかん》、市民《しみん》会館などがあります。

● つまり…前のことをまとめている。

例 市の中心部には、市役所や図書館、市民会館などがあります。

〔つまり〕公共しせつは市の中心部に集まっています。

● 「つまり」は、あることを別《べつ》の言葉《ことば》で言いかえるときにも使《つか》います。

例 この人はわたしの母の姉です。

〔つまり〕わたしのおばにあたります。

2 次《つぎ》の□にあてはまるように、「つまり」か「たとえば」を書きましょう。

1 日本には大きな港《みなと》がいくつかある。［　　］、横浜港《よこはまこう》、神戸港《こうべこう》などだ。

2 母はテニス、水泳《すいえい》、バレーボールをしている。（　　　）体を動《うご》かすことが好《す》きなのだ。

3 夏休みに行きたいところがたくさんあります。（　　　）、海、花火大会、水族館《すいぞくかん》などです。

短《みじか》い作文

「つまり」に続《つづ》くように、文を考えて書きましょう。

わたしには兄と弟、妹がいます。つまり

（ますはあまってもかまいません。）

論理的《ろんりてき》作文のポイント

「つまり」「たとえば」を使うと、文の内ようをまとめたり、具体的にくわしく表したりできます。何かを説明《せつめい》するとき、具体例をあげると読み手にわかりやすい文章《ぶんしょう》になります。また、具体例をあげてから、それをまとめると、すっきりと伝《つた》わりやすくなります。

「だから」と、「なぜなら」は、「原因《げんいん》と結果《けっか》の関係《かんけい》」（37ページ）を表《あらわ》す接続語《せつぞくご》です。

● **だから…前のことが起《お》きたので、後のことが起きた。**

● **なぜなら…後のことが起きたのは、前のことが起きたからだ。**

例《れい》
自転車《じてんしゃ》がパンクしてしまいました。原因
だから
家まで自転車をおして帰りました。結果

例
家まで自転車をおして帰りました。結果
なぜなら
自転車がパンクしてしまったからです。原因

理由《りゆう》が後にあるか、前にあるかで、「だから」と「なぜなら」を使《つか》い分けるのね。
「なぜなら」で始《はじ》まる文は、「〜からだ。」「からです。」で終《お》わることが多いよ。「〜から」は理由を表す言葉《ことば》だよ。

3 次《つぎ》の［　］にあてはまるように「だから」か「なぜなら」を書きましょう。

1 今日は大きなお祭《まつ》りがあります。［　　］町は多くの人でにぎわっています。

2 買い物《もの》に出かけた母がすぐにもどってきました。［　　］さいふをわすれたからです。

4

次の文章《ぶんしょう》の、理由にあたる部分《ぶぶん》を［　］で囲《かこ》み、結果にあたる部分の右に――を引きましょう。

ペットボトルやあきかんは、ふつうのゴミとは分けて出すことになっています。なぜなら、これらはしげんとして再利用《さいりよう》することができるからです。

短《みじか》い作文

「だから」に続《つづ》くように、文を書きましょう。

ゆうべはとてもおそくまで起きていました。だから

（ますはあまってもかまいません。）

論理的《ろんりてき》作文のポイント

文章を書くとき、「原因（理由）」と「結果」をきちんと書くことはとても大切なことです。「だから」「なぜなら」を使うと、「□□のようなことがある。だから、わたしは○○だと思う。」「わたしは○○だと思う。なぜなら□□だからだ。」と、自分の意見《いけん》と理由を明確《めいかく》に示《しめ》すことができるようになります。

● その他《た》の接続語《せつぞくご》

・また、および　（前の文と後の文を対等《たいとう》にならべる。）

例《れい》　かれは医者《いしゃ》である。また、小説家《しょうせつか》でもある。

・そして、そのうえ　（前の文に何かを付《つ》け加《くわ》える。）

例　わたしは家に帰った。そして夕食をとった。

・それとも、または　（前のことがらと後のことがらのどちらかを選《えら》ぶ。）

例　こう茶にしますか。それともコーヒーにしますか。

・さて、ところで　（これまでの文の内ようを変《か》える。）

例　みなさん、お元気でしたか。さて、今日のレッスンを始《はじ》めましょう。

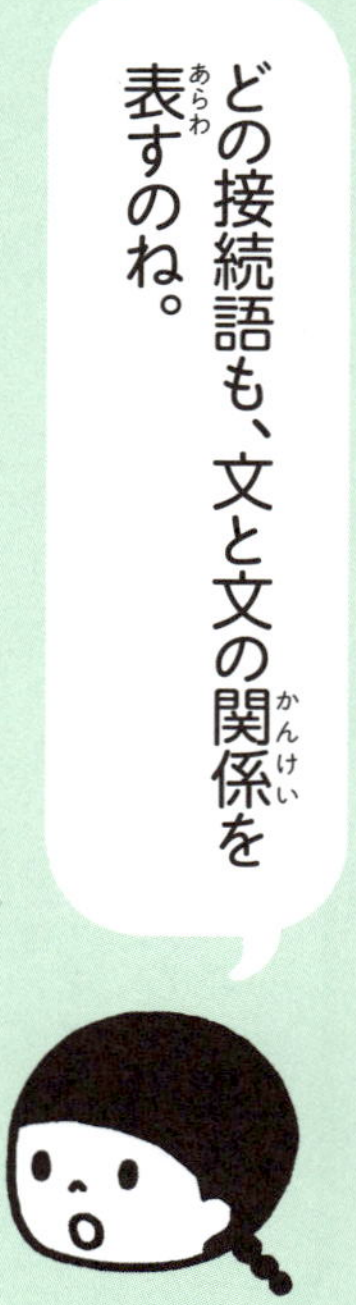

5　次《つぎ》の（　　）にあてはまるように、「また」「それとも」「ところで」を書きましょう。

1　わたしは昨日《きのう》、映画《えいが》を見に行きました。（　　）あなたは何をしていましたか。

2　東京は日本の首都《しゅと》です。（　　）、日本一人口の多い都市《とし》です。

3　朝食はごはんがよいですか。（　　）パンがよいですか。

短《みじか》い作文

「そして」に続《つづ》くように、文を考えて書きましょう。

明日は図書館に行きましょう。そして

(ますはあまってもかまいません。)

短い作文

「そのうえ」に続くように、文を考えて書きましょう。

急に雨がふってきた。そのうえ

(ますはあまってもかまいません。)

論理的《ろんりてき》作文のポイント

文と文の関係を表すのが接続語です。文章《ぶんしょう》を読むとき、接続語に注意《ちゅうい》すると、すじ道を追《お》って、正しく文章を読むことができます。

文章を書くときも同じです。文と文を正しい接続語でつなぐことで、論理的な文章を書くことができるようになるのです。

ステップ 7

三つの論理関係《ろんりかんけい》

月　日

このステップでは

文と文の論理的な関係には、イコールの関係・対立《たいりつ》関係・原因《げんいん》と結果《けっか》の関係の三つがあります。まずは三つの関係を理解《りかい》しましょう。

●三つの論理とは

文と文には、次《つぎ》の三つの論理的な関係があります。
作文を書くとき、この三つの関係を正しく使《つか》えば、言いたいことが明確《めいかく》になります。

イコールの関係

言いたいことをわかりやすくしたり、強調《きょうちょう》するために、別《べつ》の言葉《ことば》で言いかえたり、具体例《ぐたいれい》を示《しめ》したりします。

言いたいこと（意見《いけん》）＝具体例

言いたいこと（意見）＝別の言葉による言いかえ

例
犬の中には、人の役《やく》に立っているものがいる。
たとえば
もうどう犬やけいさつ犬などだ。

犬が人の役に立っていることを示す具体例が「もうどう犬やけいさつ犬」なのね。

対立関係

言いたいことを、別のものごとや、反対《はんたい》のものごととくらべることで、文がわかりやすくなったり、意見を強めることができます。

言いたいこと（意見）
↔
別のものごと・反対のものごと

例
かれは大きな大会で入賞《にゅうしょう》したことがある水泳《すいえい》の選手《せんしゅ》だ。
しかし
兄はその選手に勝《か》つことができた。

前の文があることで、お兄さんはとても速《はや》く泳《およ》げるように感《かん》じるね。

原因と結果の関係

文章《ぶんしょう》で、結果や結論《けつろん》、意見を書くとき、その原因や理由を書くと、すじ道が通《とお》ったわかりやすい説明《せつめい》になります。

原因（理由）
←（だから）
結果（結論・意見）

例
わたしは外国人の友だちがほしい。
だから
英語《えいご》を話せるようになりたい。

結果（結論・意見）
→（なぜなら）
原因（理由）

例
わたしは英語を話せるようになりたい。
なぜなら
外国人の友だちがほしいからだ。

「外国人の友だちがほしい」が理由だね。

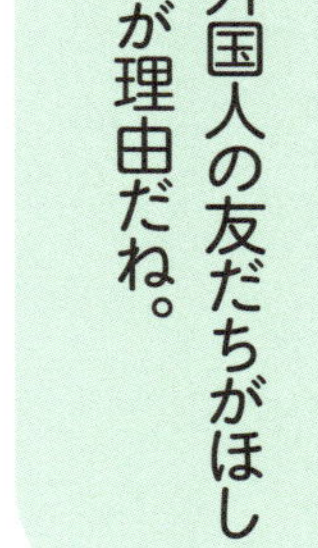

後の文は「なぜなら〜からだ」という文になっているわね。

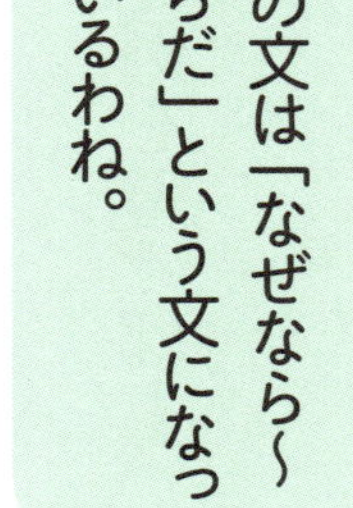

イコールの関係《かんけい》

1 次《つぎ》の□に具体例《ぐたいれい》を入れ、前の文を説明《せつめい》しようと思います。どの具体例を書けばよいか、あてはまるものの記号《きごう》を選《えら》びましょう。

日本に住《す》んでいると当たり前だと思うことでも、それが外国でも当たり前だとはかぎりません。たとえば、□

ア 日本では新学年は四月からですが、アメリカやイギリスなどでは九月から新学年が始《はじ》まります。

イ 日本では自動車《じどうしゃ》は道路《どうろ》の左側《ひだりがわ》を走りますが、イギリスも同じです。

ウ 日本人はお米をよく食べますが、これはアジアの国で見られる習慣《しゅうかん》です。

2 「たとえば」を使《つか》って、後の文で前の文をくわしく説明するようにします。□にあてはまる文を考えて書きましょう。

わからないことがあったとき、すぐにだれかに聞かずに、まずは自分で調《しら》べるとよい。
たとえば、

3 次の文章《ぶんしょう》を読んで、後の問題《もんだい》に答えましょう。

学校で習《なら》ったことを、ただ覚《おぼ》えるのではなく、自分の生活に役《やく》立てることが大切です。たとえば、わり算を習ったら、家のおふろにお湯《ゆ》を入れるのに、何分かかるかがわかるようになります。

まず、湯船《ゆぶね》の深《ふか》さをはかります。お湯を入れ始めたら一分間に何センチメートルたまるかをはかりましょう。湯船の深さの数を一分間にたまった深さの数でわると、お湯がいっぱいになるまでに何分かかるかがわかります。

1 本文の中から、言いたいこと（意見《いけん》）が書かれている一文を［　］で囲《かこ》みましょう。

2 言いたいことの具体例になっていることは何か、ます目にあてはまるように答えましょう。

［　　　　　　　　　　　　　　　　　　　　］が、わり算でわかる。

論理的《ろんりてき》作文のポイント

遠足に行った感想《かんそう》を聞かれて、「楽しかった」だけでは、何が楽しかったのか、わかりませんね。具体的に、何がどのように楽しかったと言えば、聞いた人にもそれが伝《つた》わります。「水族館《すいぞくかん》で見たイルカのショーがすばらしかった。とても高くジャンプすることにおどろいたし、トレーナーさんの言うことをまちがえずにできることに感心《かんしん》した。」など、できるだけくわしく、わかりやすく書くようにしましょう。

対立関係《たいりつかんけい》

1 次《つぎ》の文章《ぶんしょう》は対立関係を使《つか》って、「しかし」の後の文の意味《いみ》を強めるようにしたものです。[　]にあてはまる言葉《ことば》を書きましょう。

電話で話すと、顔が見えないので、気持《きも》ちを[　　　]。

しかし

会って話すと、おたがいの顔が[　　　]、気持ちを伝《つた》えやすい。

2 対立関係を使って、後の文の意味を強めるようにします。[　]にあてはまる後の文を考えて書きましょう。

水泳《すいえい》などのスポーツでも、ピアノなどの楽器《がっき》でも、長い間練習《れんしゅう》を続《つづ》けていると、つらく苦しくなることがあります。

しかし

[　　　　　　　　　　]

「しかし」の後に、意見《いけん》を書くんだよ。

3

次の文章を読んで、後の問題《もんだい》に答えましょう。

計算がどれだけ得意《とくい》でも、コンピューターに勝《か》つことはできません。また、どれだけ記おく力のよい人でも、コンピューターほど正確《せいかく》に情報《じょうほう》を覚《おぼ》えておくことはできないでしょう。

コンピューターは、速《はや》く正確《せいかく》に計算をくり返《かえ》すことや、大量《たいりょう》のデータをいつまでも記録《きろく》しておくことができます。

しかし、新しいことを考えたり、命令《めいれい》された以上《いじょう》のことにちょう戦《せん》したりといった、人の脳《のう》ならば、わりとかんたんにできることをするのは、コンピューターにはむずかしいのです。

1 この文章のなかで、対立関係にあるものは、何と何か答えましょう。

2 本文の中から、言いたいこと（意見）が書かれている部分《ぶぶん》を□で囲《かこ》みましょう。

論理的《ろんりてき》作文のポイント

「ランドセルはよいものだ。」と言われても、何のことかわかりませんね。そこで、「手さげかばんとくらべて、手さげかばんだと、かた手がふさがってしまいます。しかし、ランドセルだと両手《りょうて》が自由《じゆう》になります。」と言われれば、ランドセルのよさがわかります。何かとくらべて書くときは、だれが聞いてもわかりやすいものとくらべるようにしましょう。

原因《げんいん》と結果《けっか》の関係《かんけい》

1 次《つぎ》の文章《ぶんしょう》から、原因となる一文と結果となる一文をそれぞれぬき出しましょう。

人間は森林を切りひらいて道路《どうろ》や住宅《じゅうたく》を作るようになりました。だから、生活の場を追《お》われた動物《どうぶつ》が田や畑《はたけ》にあらわれるようになったのです。

原因

結果

2 次の文に続《つづ》けて、理由《りゆう》を表《あらわ》す文を考えて書きましょう。

結果　夏よりも冬のほうが学校を休む人の数が多い。

理由

3

次の文章を読んで、後の問題《もんだい》に答えましょう。

水は、みなさんが家のおふろやトイレで使《つか》うだけでなく、農業《のうぎょう》用水や工業《こうぎょう》用水としても使われています。だから、食料《しょくりょう》や工業製品《せいひん》の生産量《せいさんりょう》がふえれば、水の使用量《しようりょう》もふえていきます。

人が使うのは川や湖《みずうみ》の水ですが、その水量《すいりょう》は一定《いってい》でふえることはありません。だから、①必要《ひつよう》になる水の量が、ふえたからといって、どんどん使えば、やがては不足《ふそく》してしまいます。また、使った水をきれいにする処理《しょり》が追いつかなくなり、②人が使える水がさらにへってしまうことも考えられるのです。

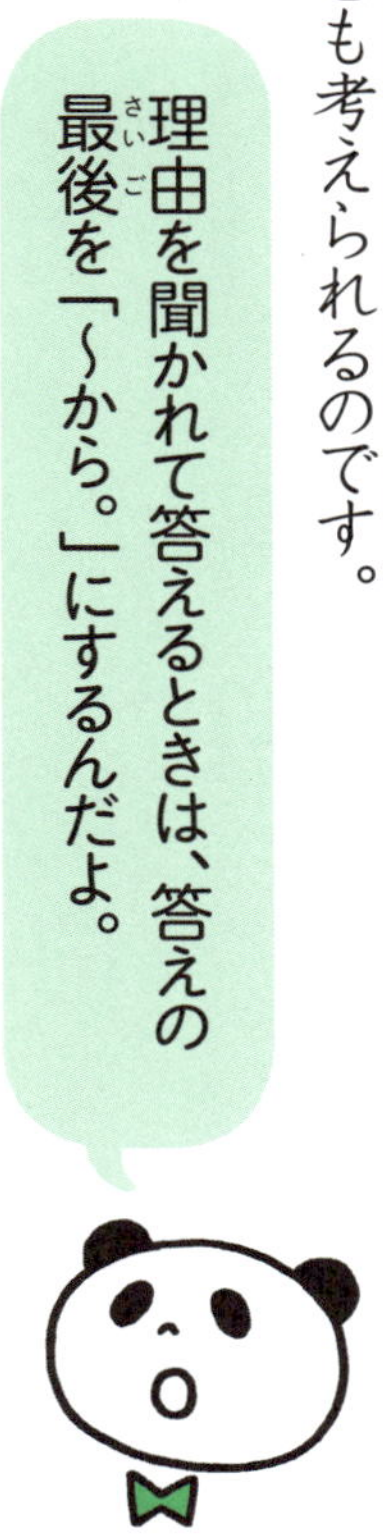
理由を聞かれて答えるときは、答えの最後《さいご》を「〜から。」にするんだよ。

1 ——①のようになる理由を答えましょう。

2 ——②のようになる理由を答えましょう。

論理的《ろんりてき》作文のポイント

国語のテストで、「なぜですか?」と問われる問題は、結果に対する理由を答える問題です。文章の中のどの部分《ぶぶん》が理由で、どの部分が結果か、読み取《と》れるようになりましょう。それが、自分で文章を書くときにも役《やく》立《だ》ちます。

ステップ

8

接続語《せつぞくご》から考える

月　　日

このステップでは

前の文と、それに続《つづ》く接続語から、後の文の内ようを考えて書くことができます。

接続語から先を予測《よそく》することができます。

今日はかさを持《も》って家を出ました。

なぜなら

？

「なぜなら」の後にはどんな文がくると思いますか。かさを持って家を出た原因《げんいん》（理由《りゆう》）になる文ですね。たとえば、次《つぎ》のような文です。

「天気予報《よほう》で雨がふると言っていたからです。」

接続語の「なぜなら」から、後の文の内ようが予測できるのね。

1 前の文と、それに続く接続語から予測できる後の文を［　］から選《えら》んで記号《きごう》を書きましょう。

昨日《きのう》はとても寒《さむ》い日でした。

だから

［　　］

ア　雨がふりそうでした。

イ　あたたかいコートを着《き》て出かけました。
ウ　明日はあたたかくなりそうです。

2

前の文と、それに続く接続語に合うように、――の言葉《ことば》を使《つか》いながら後に続く文を書きましょう。
（言葉の形は変《か》えてもかまいません）

出かけるなら、歩くより自転車《じてんしゃ》に乗《の》るほうがよい。
なぜなら
時間　短《みじか》い

出かけるなら、歩くより自転車に乗るほうがよい。
しかし
天気　安全《あんぜん》

3 前の文と接続語《せつぞくご》から考えて、後に続《つづ》く二文以上《いじょう》の文章《ぶんしょう》を書きましょう。

1 今日、父は「ばんごはんにはさし身《み》を腹《はら》いっぱい食べさせてあげるよ」と言って、朝早くから海へつりに出かけました。

しかし

どんなことを書けばよいのかな。

接続語は「しかし」だから、「魚がたくさんつれた」という内ようではおかしいわね。

2 わたしの住《す》んでいる［都《と》・道・府《ふ》・県《けん》］には、有名《ゆうめい》なものがいろいろあります。

たとえば

［　］には、自分が住んでいる都道府県の名前を書いてね。

有名なものを具体的《ぐたいてき》に書くんだね。

3 クリスマスプレゼントには＿＿＿＿がほしいと思っています。

なぜなら

＿＿には、自分がほしいものを書いてね。

「なぜなら」の後は理由《りゆう》を書くのね。

論理的《ろんりてき》作文のポイント

接続語は文と文の関係《かんけい》を示《しめ》す大切な言葉《ことば》です。文章を読むときは接続語に注意《ちゅうい》して、その後にどんな文がくるか予測《よそく》してみましょう。ふだんからそのような習慣《しゅうかん》をつけていると、文章を書くときにも論理的な文章を書くことができるようになります。

4

前の文と接続語《せつぞくご》から考えて、後に続《つづ》く文章《ぶんしょう》を書きましょう。

1 学校の帰り道、家の近くの道で定期《ていき》入れを拾《ひろ》いました。

だから

しかし

わたしなら交番にとどけるよ。
でも、よく見たらお父さんのものだったりして…

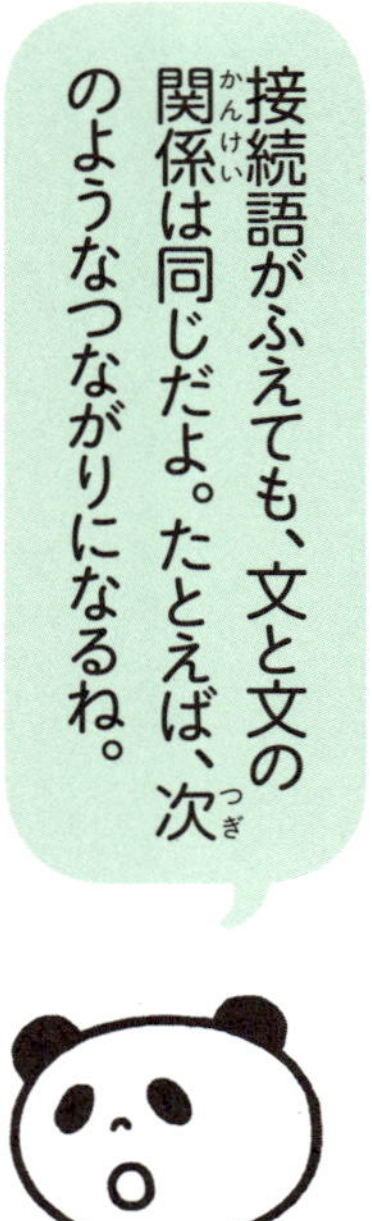

接続語がふえても、文と文の関係《かんけい》は同じだよ。たとえば、次《つぎ》のようなつながりになるね。

アサガオの花が見たいと思った。
だから、わたしは種を植《う》えて水をやった。
しかし、芽《め》は出なかった。

2 夏休みに読書感想文《かんそうぶん》を書く宿題《しゅくだい》が出されました。

だから

なぜなら

「なぜなら」の後には、前の文のように思う理由《りゆう》を書くのね。

まとめ

文と文の関係を表《あらわ》すのが接続語です。文章を読むとき、接続語に注意《ちゅうい》すると、すじ道を追《お》って、正しく文章を読むことができます。

文章を書くときも同じです。文と文を正しい接続語でつなぐことで、論理的《ろんりてき》な文章を書くことができるようになるのです。

ステップ 9

結果《けっか》に対《たい》して理由《りゆう》を考える

月　日

このステップでは

結果の文から、どうしてそのようになったのか、理由を説明《せつめい》する文を書きましょう。

「原因《げんいん》と結果の関係《かんけい》」（37ページ）の原因にあたる部分《ぶぶん》は、「なぜなら」を使《つか》って書くことができます。

例《れい》

今年はお米のできがあまりよくないそうです。結果

なぜなら

夏になっても雨の日が多く、気温《きおん》があまり高くならなかったからです。原因

1 次《つぎ》の文章《ぶんしょう》から——の部分《ぶぶん》の理由を表《あらわ》す一文を□で囲《かこ》みましょう。

金ぞくには、温度《おんど》が高くなると体積《たいせき》が増《ふ》え、低《ひく》くなるとちぢむという性質《せいしつ》があります。だから、鉄道《てつどう》のレールのつなぎめには、少しすき間があいています。なぜなら、鉄《てつ》でできたレールは夏になるとのびて、このすき間がないと曲《ま》がったりゆがんだりしてしまうおそれがあるからです。

2

次の文章から筆者《ひっしゃ》の意見《いけん》を表す一文と、理由を表す一文を選《えら》んで書き写《うつ》しましょう。

自然環境《しぜんかんきょう》のはかいが問題《もんだい》になっていますが、日本の森林の面積《めんせき》はそれほどへっていません。だからといって、日本人が自然の森林を大切にしていると言い切ることはできません。なぜなら、日本は多くの木材《もくざい》を海外から輸入《ゆにゅう》して、外国の森林の木を使っているからです。

筆者の意見

理由

論理的《ろんりてき》作文のポイント

「結果」に対して「原因」を説明できるようになることは、作文だけでなく、理科や社会科など、すべての学《がく》習《しゅう》で役立《やくだ》ちます。「こうなったのは、どうして？」に対して「～から。」と答えるようにしましょう。

3

次《つぎ》の文に続《つづ》くように、理由《りゆう》を表《あらわ》す文を書きましょう。

1 小説《しょうせつ》を読むには、マンガを読むときよりも想像力《そうぞうりょく》をはたらかせることが必要《ひつよう》です。

なぜなら

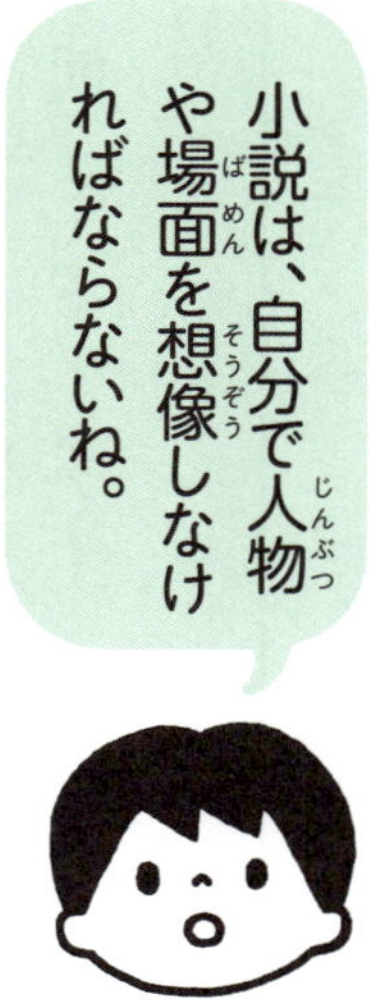
小説は、自分で人物《じんぶつ》や場面《ばめん》を想像《そうぞう》しなければならないね。

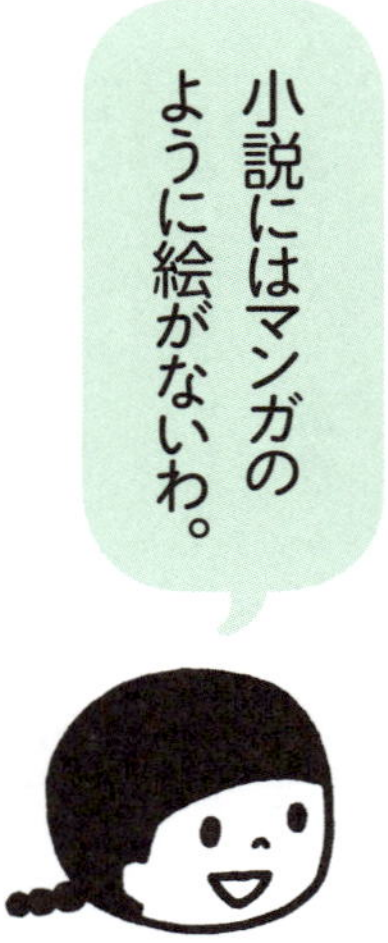
小説にはマンガのように絵がないわ。

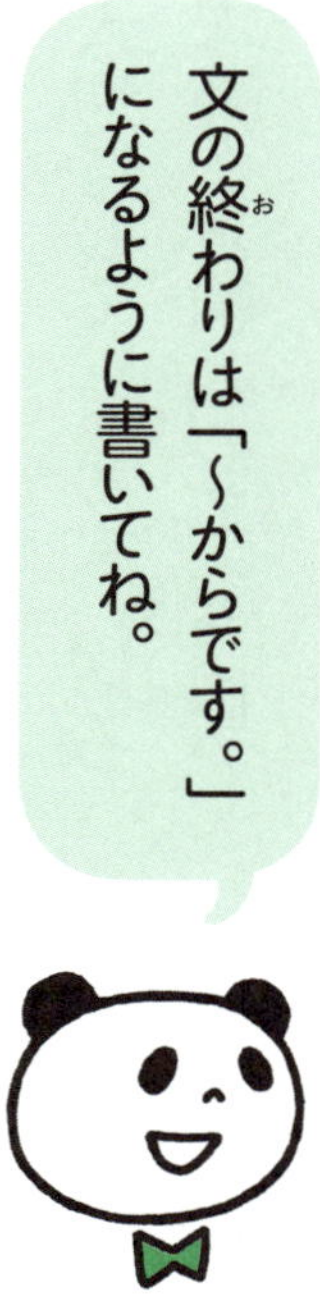
文の終《お》わりは「～からです。」になるように書いてね。

2

決《き》められた時間の中で、できるだけ多くの問題《もんだい》をとくテストを受《う》けるときは、先に全部《ぜんぶ》の問題をさっと見ておいたほうがよい。

なぜなら

むずかしそうな問題を後回しにしたほうがいいわ。

順番《じゅんばん》ではなくて、できる問題から進《すす》めたほうがいいね。

まとめ

原因《げんいん》と結果《けっか》を表す文章《ぶんしょう》は、「なぜなら」を使《つか》って書くことができます。理由を考えることで、論理的《ろんりてき》に考えることができるようになります。必《かなら》ず理由を理解《りかい》しながら、学習《がくしゅう》していきましょう。

ステップ 10

理由《りゆう》から結果《けっか》を考える

月　日

このステップでは

今度《こんど》は、理由の文から、どのような結果になるかを考えて、文を書きましょう。

「原因《げんいん》と結果の関係《かんけい》」（37ページ）の結果にあたる部分《ぶぶん》は、「だから」を使《つか》って書くことができます。

例《れい》

今年は夏になっても雨の日が多く、気温《きおん》があまり高くならなかった。**原因**

だから

お米のできがあまりよくない。**結果**

1 次《つぎ》の文章《ぶんしょう》から結果を表《あらわ》す一文を選《えら》んで［　］で囲《かこ》みましょう。

あたたまった空気は、周《まわ》りの空気より軽《かる》くなって上にあがる性質《せいしつ》があります。だから、部屋《へや》全体《ぜんたい》をあたためるために、だんぼうの風は下を向《む》いて出ています。もしも上向きに風が出ると、部屋の天じょうのあたりだけがあたたまることになります。

2

次の文章から結果を表す一文と、理由を表す一文を選んで書き写《うつ》しましょう。

リニアモーターカーは、じ石のSきょくとNきょくが引っぱり合い、Sきょくどうし、Nきょくどうしが反発《はんぱつ》する力を利用《りよう》して、地面《じめん》からうき上がって進《すす》みます。だから、車輪《しゃりん》と線路《せんろ》がこすれるまさつなどがなく、とても速《はや》く走ることができるのです。

結果

理由

論理的《ろんりてき》作文のポイント

これもステップ9同様《どうよう》、ものごとを説明《せつめい》するときに必要《ひつよう》となる書き方です。「何がある（あった）から、このようになった」という文章になれるようにしましょう。

3

次《つぎ》の文に続《つづ》くように、「だから」の後に続く二文以上《いじょう》の文章《ぶんしょう》を書きましょう。

1 電車の優先席《ゆうせんせき》は、お年よりや体の不自由《ふじゆう》な人、ケガをしている人などのためにありますが、そういう人たちに席をゆずるのは優先席にかぎったことではないと教わりました。

だから

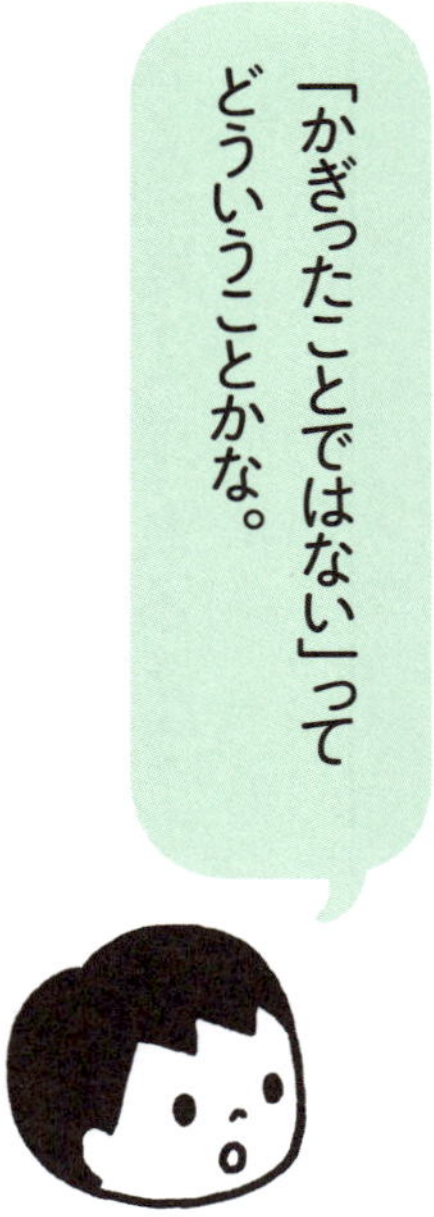
「かぎったことではない」って
どういうことかな。

「優先席でなくてもゆずる」
ということよ。

2

何かを調《しら》べるとき、インターネットはとても便利《べんり》なものです。しかし、インターネットに公開《こうかい》されている情報《じょうほう》は、すべてが正しいとはかぎりません。

だから

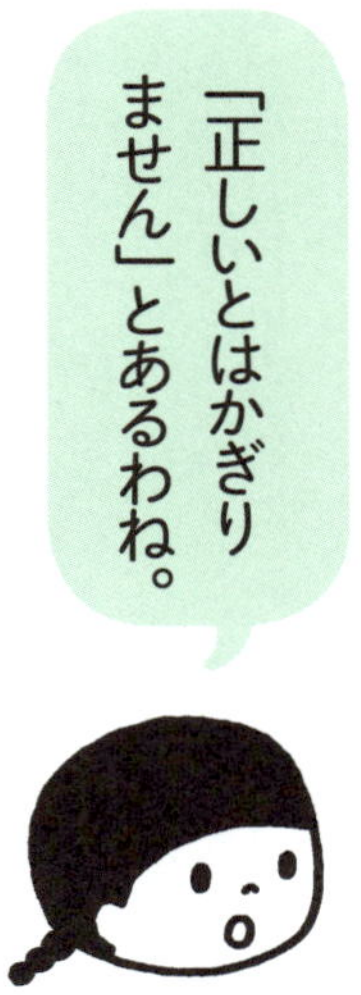
「正しいとはかぎりません」とあるわね。

本や図かんでも調べてみようかな。

まとめ

「原因《げんいん》→だから→結果《けっか》」と「結果→なぜなら→原因」の関係《かんけい》を理解《りかい》し、使《つか》い分けられるようになりましょう。書くときも、話すときも、この二つの関係を使えるようになることがとても大切です。

● 結果《けっか》から先を予想《よそう》したり、理由《りゆう》を説明《せつめい》したりしましょう。

次《つぎ》の例文《れいぶん》を読んで、後の問題《もんだい》の［　］に当てはまる続《つづ》きの文を書きましょう。

例

1平方メートルのかべをぬるのに、ペンキが2デシリットル必要《ひつよう》だ。

［だから］

4平方メートルのかべなら、8デシリットルのペンキが必要になるだろう。

［なぜなら］

かべの広さが4倍《ばい》になれば、ペンキも4倍必要だと考えられるからだ。

はじめの文
［だから］
はじめの文が原因となる文
［なぜなら］
理由
だね。

4

三まいのマフラーをあむには、十二日間かかるだろう。

［なぜなら］

一まいの［　　　　］

［だから］

五まいのマフラーをあむなら［　　　　］

5

次のようなそうちを使《つか》って、電気を通すものを調《しら》べる実験《じっけん》をしました。

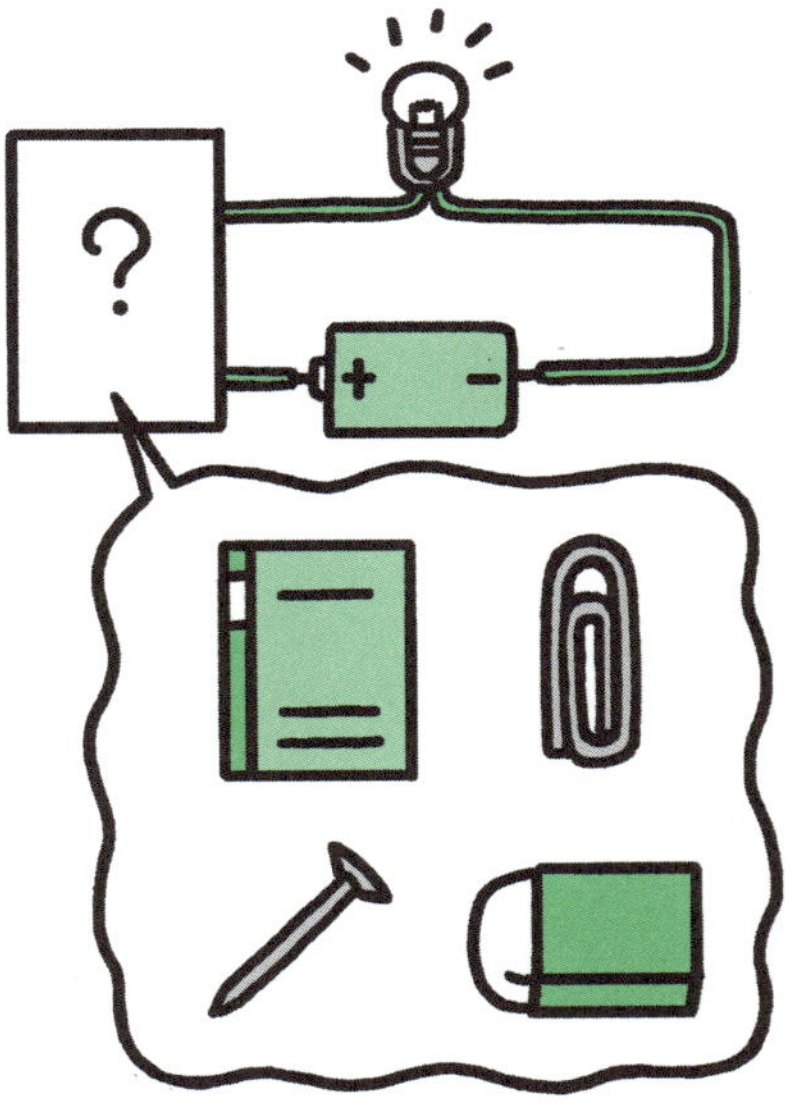

その結果、次のことがわかりました。

実験の結果、クリップとくぎは電気を通しました。ノートと消しゴムは電気を通しませんでした。
つまり、金ぞくは電気を通すと考えられます。

この後、次の三つのものについて、同じ実験をします。予想される結果を考えて（①）～（③）にあてはまる内容を書きましょう。

わたしは、電気を通すのは（①）だと予想します。
なぜなら、実験の結果、（②）。
だから、（③）だと考えます。

①

②

③

ステップ

11

いろいろなじょうけんで短文《たんぶん》を書く

月　日

このステップでは

これまでに練習《れんしゅう》したことを使《つか》って、短《みじか》い文《ぶん》章《しょう》を書いてみましょう。

1 接続語《せつぞくご》の「たとえば」を使って、意見《いけん》をわかりやすく説明《せつめい》する文章を書いてみます。まずは、次《つぎ》の作文を読んでください。

わたしは、健康に気をつけることは、とても大切だと思います。

たとえば、こんなことがありました。わたしのお姉さんは英語の検定を受けるため、一生けんめい勉強していました。しかし、検定の日に、熱を出してテストを受けることができませんでした。

だから、健康に気をつけることは勉強をするのと同じくらい大切だと思いました。

自分の言いたいこと（意見）だね。

自分が経験《けいけん》したこと（具体例《ぐたいれい》）だね。意見と具体例は「イコールの関係《かんけい》」（36ページ）になるように書くよ。

「だから」の後に、もう一度《いちど》言いたいこと（意見）を書くと、読む人に伝《つた》わりやすくなるね。

では、じっさいに短い作文を書いてみましょう。何を書いてもかまいませんが、思いつかない場合は、次のテーマで書いてください。

テーマ：自分がやっていること、してみたいこと（運動《うんどう》、勉強《べんきょう》、しゅ味《み》など）について

論理的《ろんりてき》作文のポイント

意見を言うとき、自分の体験《たいけん》や、だれもがなっとくできる資料《しりょう》を使って書く方法《ほうほう》があります。
「わたしはしょう来、医者《いしゃ》になりたい」と言うとき、「病気《びょうき》を治《なお》してもらってうれしかったので、自分もそのようになりたい」と言うと、意見が伝わりやすくなります。

（ますはあまってもかまいません。）

書く手順《てじゅん》

まず、自分の言いたいこと（意見）を書こう。

「たとえば」の後に自分の経験したことや、知っていることを書こう。意見と具体例が「イコールの関係」になるように書くんだよ。

最後《さいご》に、「だから」の後にもう一度、言いたいこと（意見）を書こう。

2 接続語《せつぞくご》の「だから」を使《つか》って、意見《いけん》をわかりやすく説明《せつめい》する文章《ぶんしょう》を書いてみます。まずは、次《つぎ》の作文を読んでください。

わたしは、わすれ物をする人に、わすれ物をしない人が声をかけるとよいと思います。

これは、クラスの人が一か月にわすれ物をした回数をまとめた表です。

〇回の人が十九人なので、クラスの半分はわすれ物をしません。しかし三回以上わすれ物をした人も十一人います。

だから、わすれ物をしない人は、わすれ物をする人に、明日の持ち物をノートに書くように声をかけるとよいと思います。

自分の言いたいこと（意見）だね。
自分の意見をわかりやすく伝《つた》えるために、資料《しりょう》を使って説明しているね。
「だから」の後に、もう一度《いちど》言いたいことを書くと、読む人に伝わりやすくなるよ。

わすれ物《もの》をした回数調《しら》べ

わすれ物をした回数	人数（人）
4回以上《いじょう》	6
3回	5
2回	2
1回	6
0回	19

この表《ひょう》は、あるクラスで一か月にわすれ物をした回数を調べてまとめたものです。

← 左の表は、あるクラスで一か月に読んだ本の数を調べたものです。これを見て考えた自分の意見を、短《みじか》い作文に書いてみましょう。

1か月で読んだ本の数調べ

読んだ本の数	人数（人）
4さつ以上	15
3さつ	4
2さつ	5
1さつ	2
0さつ	12

（ますはあまってもかまいません。）

書く手順《てじゅん》

まず、自分の言いたいこと（意見）を書こう。

次に資料を見て、わかることを書こう。わかりやすく意見を説明するように書こう。

最後《さいご》に、「だから」の後にもう一度、言いたいこと（意見）を書こう。

3 二つのものごとをくらべて書いてみましょう。

　ぼくは日本の昔話を読むのが好きです。日本の昔話を読んでいると、昔のくらしのようすや景色を想像して、今と同じだなとか、電気もないなんて不便だっただろうなとか、いろいろ考えることができます。
　それに対して、外国の物語を読んでも、おしろのようすや服や食べ物など、細かいことがあまりうまく想像できません。
　だから、ぼくは日本の昔話のほうが好きです。

自分の言いたいこと（意見《いけん》）だね。その後に、意見をくわしく説明《せつめい》しているね。

「それに対《たい》して」の後は、「外国の物《もの》語《がたり》」について書いているよ。「対立《たいりつ》関《かん》係《けい》」（37ページ）だね。

最後《さいご》に、もう一度《いちど》自分の意見を書くといいのね。

⬅ では、じっさいに書いてみましょう。何を書いてもかまいませんが、思いつかない場合は、次《つぎ》のテーマで書いてください。

テーマ：自分が好《す》きなもの、あこがれるもの（食べ物《もの》、ペット、本・マンガ、映画《えいが》、スポーツなど）について

論理的《ろんりてき》作文のポイント

何かを伝《つた》えるとき、二つのものをくらべて書く方法《ほうほう》があります。「コンビニは便利《べんり》だ」と言いたいとき、「ふつうのお店は朝早くや夜はしまっていて、買い物ができないことがある」と書くと、コンビニの便利さを伝えやすくなります。

（ますはあまってもかまいません。）

書く手順《てじゅん》

まず、自分の言いたいこと（意見）を書こう。続《つづ》けて説明や理《り》由《ゆう》も書こう。

「それに対して」の後に、言いたいことと別《べつ》のことをくらべてみよう。

最後にもう一度、言いたいこと（意見）を書こう。

4 接続語《せつぞくご》の「しかし」を使《つか》って書きましょう。

　スマートフォンはとても便利な物で、今では小学生でも四人に一人以上が持っているそうです。たしかに、家族に連らくをするだけでなく、ゲームをしたり、動画を見たりと、いろいろなことができます。

　しかし、使いすぎが原いんで頭痛などを起こしたり、知らないうちにはんざいに巻きこまれたりすることがあるそうです。

　だから、スマートフォンを使うときは、家の人に相談しなければいけないと思います。

スマートフォンの便利《べんり》な点について書いているね。
「しかし」の後が、大《だい》事《じ》なことだね。
「だから」の後に、自分の言いたいこと(意見《いけん》)が書いてあるね。

では、じっさいに短《みじか》い作文を書いてみましょう。テーマは出しませんが、次《つぎ》のように考えると書きやすくなります。

・自分がしてみたい(ほしい)けど、がまんしていること。
・自分がやってみたけど、後かいしたり、よくない、おもしろくないと思ったこと。
・だれかがしているけれど、自分はそれをしたくない、よくないと思ったこと。

論理的《ろんりてき》作文のポイント

何かを伝《つた》えるとき、自分の意見とはちがうことを先に書く方法《ほうほう》があります。

「ちがう意見→（しかし）自分の意見」の順《じゅん》に書くと、自分の意見がはっきり伝わります。

（ますはあまってもかまいません。）

書く手順《てじゅん》

自分の意見とくらべることを先に書こう。

「しかし」のあとに、大事なことを書こう。

最後《さいご》に言いたいこと（意見）を書こう。

ステップ 12

意見《いけん》と理由《りゆう》を書く

月　日

このステップでは

自分の意見を書くときは、なぜそう考えたのかという理由をいっしょに書くようにします。意見と、その理由の書き方を練《れん》習《しゅう》しましょう。

テーマ　**夏休みと冬休みでは、どちらが好《す》きですか。**

このテーマについて、意見と、その理由を書いたのが、次《つぎ》の文章《ぶんしょう》です。

わたしは、夏休みと冬休みでは、冬休みのほうが好きです。
なぜなら、冬休みには、クリスマスがあるからです。クリスマスになると町もきれいになるし、家ではケーキを食べたり、プレゼントをもらったりできるので、冬休みが好きなのです。

意見と理由が書いてあると、「どうしてそう考えるのか」がよくわかるね。

右の文章の、どれが意見で、どれが理由かわかりますか。

1　意見をのべている部分《ぶぶん》を書き写《うつ》しましょう。

（ますはあまってもかまいません。）

2

理由をのべている部分を書き写しましょう。

（ますはあまってもかまいません。）

書く手順《てじゅん》

まず、自分の意見（立場）を書こう。その後に、理由を「なぜなら」という言葉《ことば》に続《つづ》けて書こう。

論理的《ろんりてき》作文のポイント

理由を書くときは、読み手がだれであっても伝《つた》わるように書く必要《ひつよう》があります。友達《ともだち》どうしや、家族《かぞく》にしかわからないような理由の場合、それ以外《いがい》の人にも伝わるように書きましょう。

テーマ

習《なら》い事《ごと》をするなら、英語《えいご》と水泳《すいえい》のどちらがよいですか。

このテーマについて、あなたの意見《いけん》と、その理由《りゆう》をメモします。

1 意見を書きましょう。

わたしは、習い事をするなら

2 理由を書きましょう。

3 「だから」の後に、言いたいこと（意見）をもう一度《いちど》書きましょう。

だから、

だれが読んでも、わかるような理由になっているかな。

4

❶〜❸で書いた意見と理由をまとめて、一〇〇字〜二〇〇字の作文を書きましょう。

（ますはあまってもかまいません。）

書く手順《てじゅん》

まず、自分の意見を書くんだね。理由は「なぜなら」に続《つづ》けて書くよ。

テーマ　ボランティア活動《かつどう》をするなら、どんなことをしてみたいですか。

ボランティアという言葉《ことば》を知っていますか。社会のためになることを、自分から進《すす》んでお金をもらわずに行うことです。公民館《こうみんかん》や図書館に行くと、地いきでも、点字やろう読などのボランティア活動をしていることがあります。

もしも、あなたがボランティア活動をするとしたら、どんなことをしてみたいですか。次《つぎ》の中から一つ選《えら》んで、その理由《りゆう》を二つメモしましょう。

- **公園の落《お》ち葉《ば》やゴミを拾《ひろ》う活動**
- **老人《ろうじん》がくらすしせつに行って、歌をうたったり、いっしょにダンスをしたりする活動**
- **きびしいくらしをしている海外の子どもたちのために、衣服《いふく》や毛布《もうふ》を集《あつ》めて送《おく》る活動**

1 わたしは、ボランティアをするなら

2 理由は二つあります。一つめは、

二つめは、

3

❶と❷で書いた意見《いけん》と理由をまとめて、二〇〇字以内《いない》の作文を書きましょう。
理由を書くときは、「理由は二つあります。一つめは～。二つめは～。」の形で書きましょう。

わたしは、ボランティアをするなら

（ますはあまってもかまいません。）

論理的《ろんりてき》作文のポイント

与《あた》えられたテーマについて、よくわからない場合は、本や事典《じてん》などで調《しら》べましょう。

意見や理由を書くときは事実《じじつ》をもとにして書くことが大切です。

テーマ

休日に行くなら、動物園《どうぶつえん》と遊園地《ゆうえんち》のどちらがよいですか。

1

動物園に行きたい人の気持《きも》ちになって、その理由《りゆう》を考えてメモしましょう。

2

遊園地に行きたい人の気持ちになって、その理由を考えてメモしましょう。

3 それぞれに行きたい人の意見《いけん》と理由を書きましょう。

動物園

わたしは、休日に行くなら

（ますはあまってもかまいません。）

遊園地

わたしは、休日に行くなら

（ますはあまってもかまいません。）

論理的《ろんりてき》作文のポイント

自分の意見を書くときには、自分とは違《ちが》う意見を持つ人の気持ちも考えることが大切です。自分とはちがう意見を持つ人には、どんな理由があるのかを具体《ぐたい》的《てき》に考え、相手《あいて》の意見にもすじが通っていることを理解《りかい》することで、自分の文章《ぶんしょう》が思いやりと説得力《せっとくりょく》のあるものになるのです。

この練習《れんしゅう》は、ディベート力の強化《きょうか》にもつながります。

ステップ13

具《ぐ》体《たい》例《れい》を書く

月　日

このステップでは

実際《じっさい》にあったことや見たこと、または新聞や本で読んだことを書くことで、自分の意見《いけん》や理由《りゆう》をわかりやすく説明《せつめい》することができます。これが具体例です。

意見

エスカレーターでは歩かないほうがよいと思う。

具体例

先週の日曜日、ショッピングセンターで、エスカレーターを早足であがってくる人が、おばあさんにぶつかっていた。最近《さいきん》、駅《えき》でエスカレーターは歩かずにとまって乗《の》ってくださいと書いてあるのを見た。

結《けつ》論《ろん》

みんなが安全《あんぜん》に通行できるようにするためにも、エスカレーターを歩く習慣《しゅうかん》をかえるとよいと思う。

実際に自分が体《たい》験《けん》したことを書いているわね。
意見を言う理由がよくわかるね。

意見

わたしはパソコンを使《つか》う練習《れんしゅう》をしようと思う。

具体例

新聞を読んでいたら、今の子どもやわかい人は、パソコンのキーボードがうまく使えないという記事《きじ》がのっていた。わたしも、タブレットで勉強《べんきょう》したりゲームをしたりするが、パソコンはあまり使わない。しかし、高校生や大学生になったら、キーボードを使って文字を打《う》つことが必要《ひつよう》になると書かれていた。

結論

だから、タブレットばかり使わず、調《しら》べものをパソコンでしたり、文字の入力が速《はや》くできるようになろうと思う。

新聞を読んで、そう思うようになったんだね。パソコンを使う練習をしたい理由が伝《つた》わりやすくなるね。

だれかに聞いたのではなく、新聞に書いてあったのだから、作文を読む人もなっとくしやすいわね。

論理的《ろんりてき》作文のポイント

意見や理由を書くときには、具体例（経験《けいけん》したことや、見たり聞いたりしたこと）を書いて、読む人がなっとくしやすい文章《ぶんしょう》にしましょう。

では、具体例《ぐたいれい》を入れた作文を書いてみましょう。何を書いてもかまいませんが、思いつかない場合は、次《つぎ》のテーマで書いてください。

テーマ 学校や家での習慣《しゅうかん》や行動《こうどう》、または町で見かけたことで「こうしたほうがよい、変《か》えたほうがよい」と思う点はありますか。

意《い》見《けん》

具体例

結《けっ》論《ろん》

右に書いた意見と具体例、結論をまとめて作文を書きましょう。

（ますはあまってもかまいません。）

論理的《ろんりてき》作文のポイント

具体例は、自分が体験《たいけん》したことや見たり聞いたりしたことを書きます。意見や理由《りゆう》と、その具体例がきちんとつながっているか考えて書きましょう。

ステップ
14
くわしく書く

月　　日

このステップでは

場面《ばめん》を見て、それを正しく、くわしく書く練習《れんしゅう》をします。どのように書くと、わかりやすくなるか、考えましょう。

次《つぎ》の絵をあなたの部屋《へや》の見取《みと》り図とします。このようすを説明《せつめい》する文章《ぶんしょう》を書きます。

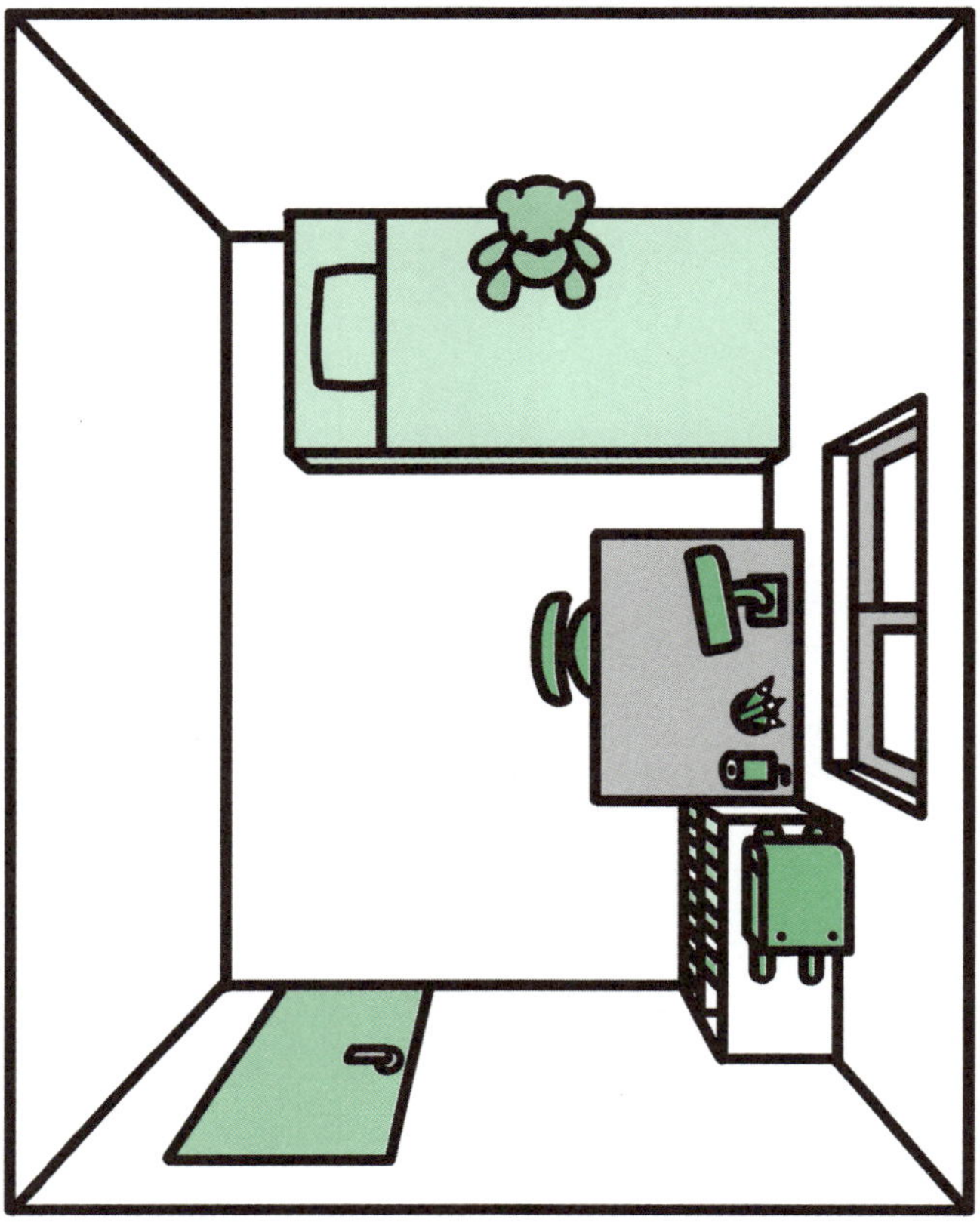

机《つくえ》とベッドと本だながあるね。
机の上のものや、本だなにあるものも書くとよいのかな。
どんな順番《じゅんばん》で書くとよいかな。

順番《じゅんばん》を決《き》めて、説明しましょう。たとえば、手前からおくに向《む》かって順番に、または上から時計回りに、などです。

これは、わたしの部屋です。
ドアから入ると、右手に本だながあります。本だなのおくには机があり、机の正面《しょうめん》に窓《まど》があります。机のおくにはベッドがあります。

それぞれをくわしく説明する言葉を加《くわ》えましょう。

これはわたしの部屋です。
ドアから入ると、右手に本だながあります。本だなの上にはランドセルを置《お》いています。本だなのおくには机があり、机の上には電気スタンドとえんぴつ立てを置いています。机の正面には窓があります。机のおくにはベッドがあり、くまのぬいぐるみを置いています。

ようすを説明するときは、順番を決《き》めると書きもれをふせぐことができるよ。

次《つぎ》の絵を見て、ようすを説明《せつめい》する文章《ぶんしょう》を書きます。どのような順番《じゅんばん》、方法《ほうほう》で書くとよいか、わかりますか。

何があるかな。
ブランコ、花だんなどがあるね。
ブランコはいくつあるかな。花だんのようすはどうかな。くわしくわかる言葉《ことば》を書こう。

80～81ページのように、わかりやすい順番になるようにして、公園のようすを説明する文章を書きましょう。

これは、わたしの家の近くにある公園です。

（ますはあまってもかまいません。）

論理的《ろんりてき》作文のポイント

この場合も、「入り口から入って左手に」など、順番を決《き》めて書きましょう。数がわかるものは数を書くと、わかりやすくなります。

次《つぎ》の絵の、手前にいる女の子があなただとします。このようすを説明《せつめい》する文章《ぶんしょう》を書きます。

雨がふっているね。学校帰りのようすかな。
男の人が自転車《じてんしゃ》に乗《の》っているね。
あぶなくないのかな。

「いつ、どこで、だれが、どうする」を書きましょう。

今日は雨でした。学校の帰り道、わたしは自転車に乗っている人を見ました。

それに対《たい》して自分がどう考えたかを書きましょう。

レインコートのフードで前が見えにくかったり、タイヤがすべりやすくなったりするので、あぶないと思いました。

また、歩いている人もかさをさしているので、自転車に気づきにくいようでした。自分がだいじょうぶだと思っていても、相手《あいて》がよけてくれなくて、じこになるかもしれないし、小さな子どもやお母さんは、こわいと感《かん》じるかもしれません。

結《けつ》論《ろん》

雨の日はできるだけ自転車に乗らないほうがよいと思いました。雨の日に自転車に乗る必要《ひつよう》があるなら、ゆっくり走るようにして、ふだんよりも歩行者《ほこうしゃ》のめいわくにならないように気をつけるべきだと思います。

場面《ばめん》の絵を見て、考えられることをできるだけくわしく書こう。何に対して、こう考えた、ということがわかるように書こうね。

次《つぎ》の絵で、ねている女の子があなただとします。このようすを説明《せつめい》する文章《ぶんしょう》を書きます。

12/29

カレンダーに十二月二十九日とあるね。
ねている女の子は、かぜをひいたのかな。
家の人はそうじをしているわよ。

84～85ページのように、ようすがわかるように説明し、それに対《たい》して自分がどう考えたか、結論《けつろん》も書きましょう。

（ますはあまってもかまいません。）

「いつ、どこで、だれが、どうする」を書きましょう。

それに対して自分がどう考えたかを書きましょう。

結論を書きましょう。

ステップ
15

作文を書こう

月　日

このステップでは

これまでに学習《がくしゅう》したことを使《つか》って、仕上《しあ》げの作文を書きましょう。

しょう。　きっかけとなった具体例《ぐたいれい》（体験《たいけん》したことや、見たり聞いたりしたこと）があれば、それも書きましょう。

自由研究のテーマを書きましょう。

テーマを選《えら》んだ理由を書きましょう。

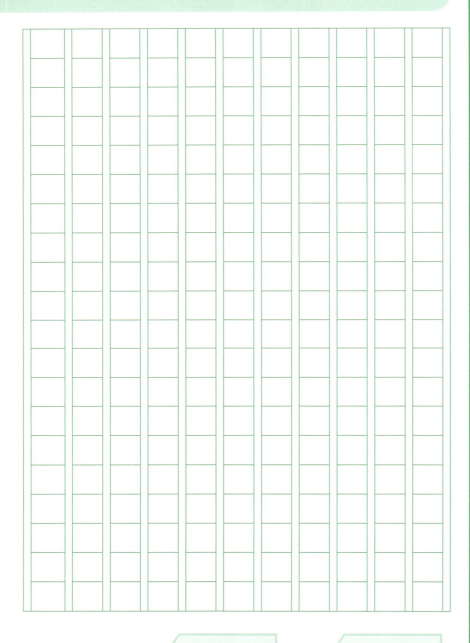

テーマ 1

自由研究《じゆうけんきゅう》では、何をしたいと思いますか。工作、理科や社会科の研究など、してみたいことを決《き》めて、なぜそれがしたいのか、理由《りゆう》を書きま↗

（ますはあまってもかまいません。）

まとめの言葉《ことば》（自分の意見《いけん》や、最後《さいご》に読み手に伝《つた》えたいこと）を書きましょう。

じっさいにどんなことを調《しら》べるのか（工夫《くふう》するのか）を書きましょう。

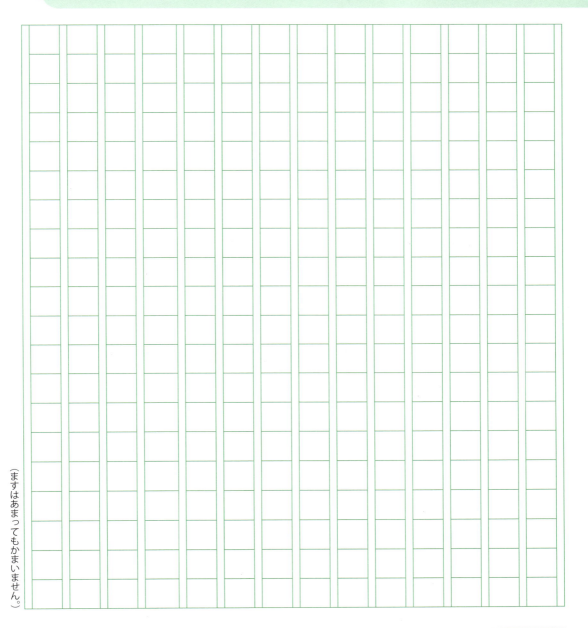

たいことを決《き》めて、なぜそれがしたいのか、理由《りゆう》を書きましょう。きっかけとなった具体例《ぐたいれい》(体験《たいけん》したことや、見たり聞いたりしたこと)があれば、それも書きましょう。

チャレンジしたいことは、どんなことがむずかしそうですか?その内ようを書きましょう。

その理由を書きましょう。

チャレンジしたいことを書きましょう。

テーマ 2 これから、チャレンジしてみたいことは何ですか。来年になったら、高学年あるいは中学生になったら、どんなことがしてみたいですか。してみ ↗

（ますはあまってもかまいません。）

まとめの言葉《ことば》を書きましょう。

しなければ、どうなるかも書いてみましょう。きっかけとなった具体例《ぐたいれい》（体験《たいけん》したことや、見たり聞いたりしたこと）があれば、それも書きましょう。

その理由を書きましょう。もし、気をつけなければどのようになってしまうか、具体例や、考えを書きましょう。

チームやグループで何かをするときに必要なこと、気をつけたいことを書きましょう。

テーマ 3

グループ学習《がくしゅう》やチームで行うスポーツをするときに、必要《ひつよう》なことは何ですか。グループやチームで一つのことを行うとき、あなたはどんなことに気をつけていますか。意見《いけん》と、その理由《りゆう》を書きましょう。もし、そのように ↗

（ますはあまってもかまいません。）

そのほかに気をつけることや、チームやグループで何かをすることのよい点を書きましょう。

まとめの言葉《ことば》を書きましょう。

ましょう。また、作文の練習をしてわかったことや、文章を書くときに気をつけるようになったことなどを、具体例《ぐたいれい》を入れて書きましょう。

これまで自分がどんなふうに作文を書いていたかを、書きましょう。

作文の練習をして、自分が大切だと思うようになったことを書きましょう。

テーマ 4

この本で作文の練習《れんしゅう》をして、文章《ぶんしょう》を書くときにはどんなことが大切だと思うようになりましたか。これまで自分が書いてきた作文とくらべて書き

（ますはあまってもかまいません。）

まとめの言葉《ことば》を書きましょう。

練習をしてわかったことや、作文を書くときに気をつけるようになったことを書きましょう。

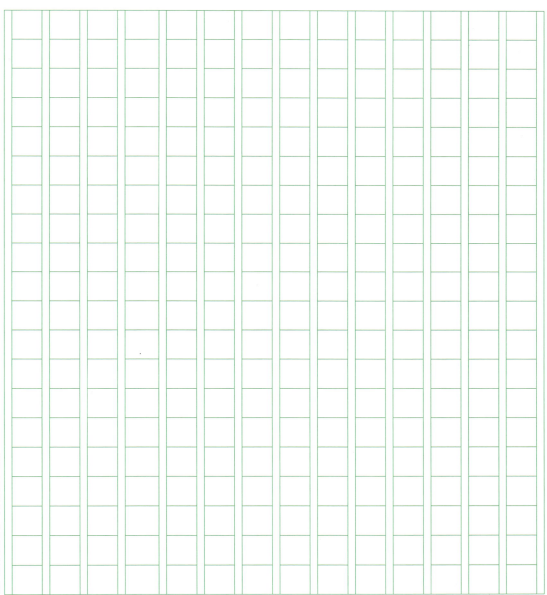

出口汪（でぐち・ひろし）

1955年、東京都生まれ。大学受験現代文の元祖カリスマ講師。論理力を養成する画期的なプログラム『論理エンジン』を開発し、多くの学校に採用されている。現在は受験界のみならず、大学・一般向けの講演や中学・高校教員の指導など、活動は多岐にわたっている。著書に『出口汪の日本語論理トレーニング』（小学一年～六年、基礎編・習熟編・応用編。小学館刊）ほか多数。

出口汪オフィシャルサイト ▶ http://www.deguchi-hiroshi.com

▶STAFF◀

イラスト ◎ 佐藤香苗＋カカポ

ブックデザイン ◎ 小口翔平＋上坊菜々子＋三森健太（tobufune）

編集協力 ◎ 石川享（タップハウス）

本文DTP ◎ タップハウス

編集 ◎ 福原智絵（小学館）

新入試に強い！　日本語論理トレーニング

15ステップですらすら書ける　出口汪の作文講座

2018年3月25日　初版第1刷発行
2022年1月22日　第5刷発行

著　者 ● 出口 汪
発行人 ● 杉本隆
発行所 ● 株式会社 小学館
〒101-8001　東京都千代田区一ツ橋2-3-1
電　話 ● 編集　03-3230-5540
販売　03-5281-3555
印刷所 ● 三晃印刷株式会社
製本所 ● 古宮製本株式会社

ISBN978-4-09-840191-8

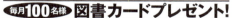

出口《でぐち》 汪《ひろし》の作文講座

答えとくわしい考え方

―― 答えとくわしい考え方の使い方 ――

・ここには本文の解答例と、それに対するくわしい考え方が記されています。

・上段には本文ページを縮小したものが表示されています。その中で、解答例だけが赤で表示されています。

・下段には上段のページのくわしい考え方が記されています。正解不正解にかかわらず、下段をよく読み、論理的に書くための考え方をトレーニングしましょう。

・作文の解答例については、掲載しているもの以外にも様々な解答が考えられます。下段をよく読んで、正しく組み立てられているかを確認しましょう。

小学館

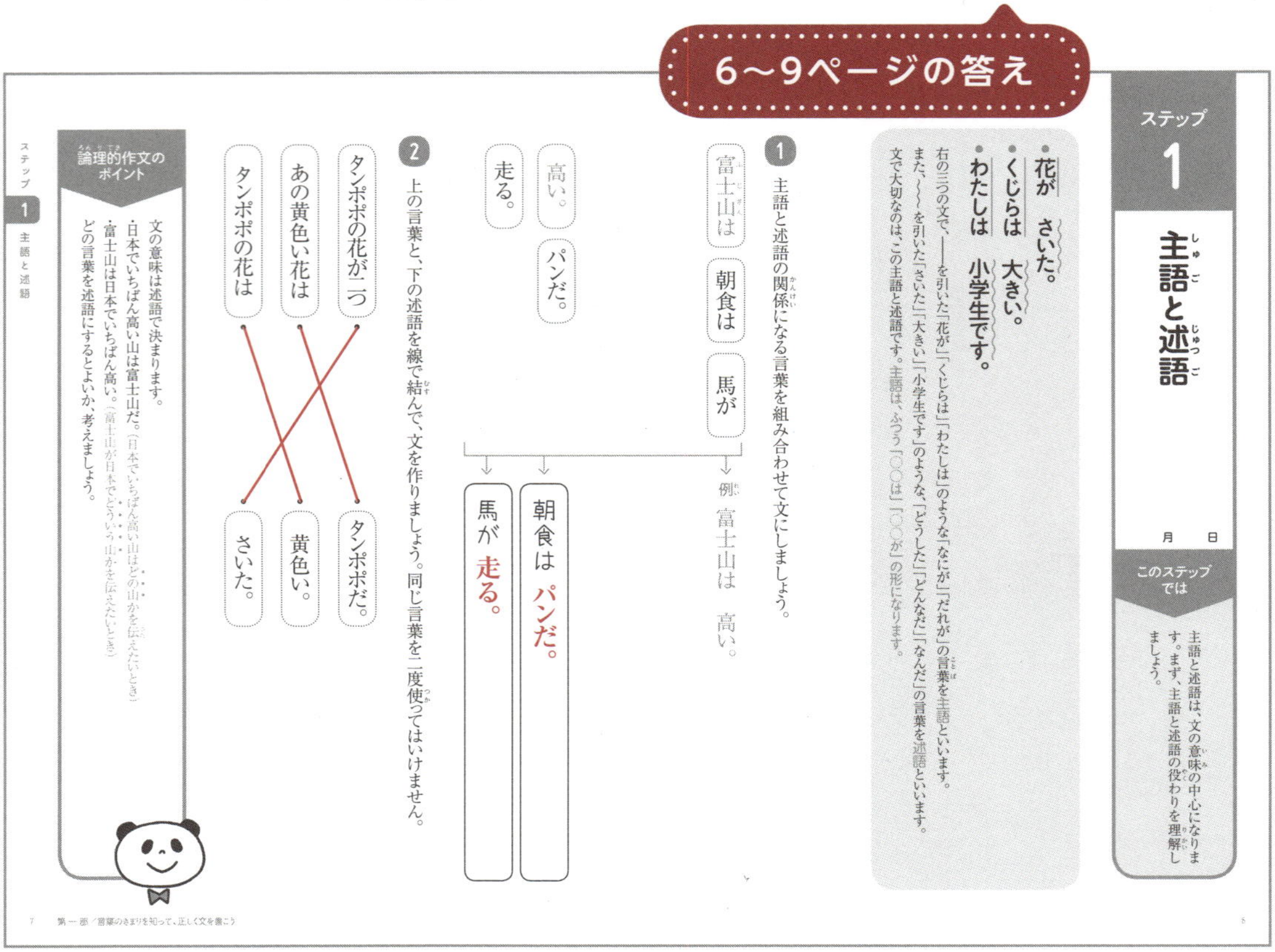

6〜9ページの答え

ステップ
1
主語《しゅご》と述語《じゅつご》

月　日

このステップでは

主語と述語は、文の意味《いみ》の中心になります。まず、主語と述語の役《やく》わりを理解《りかい》しましょう。

・花が　さいた。
・くじらは　大きい。
・わたしは　小学生です。

右の三つの文で、——を引いた「花が」「くじらは」「わたしは」のような「なにが」「だれが」の言葉《ことば》を主語といいます。
また、〜〜を引いた「さいた」「大きい」「小学生です」のような、「どうした」「どんなだ」「なんだ」の言葉を述語といいます。
文で大切なのは、この主語と述語です。主語は、ふつう「○○は」「○○が」の形になります。

1 主語と述語の関係《かんけい》になる言葉を組み合わせて文にしましょう。

富士山《ふじさん》は　朝食は　馬が

高い。　パンだ。　走る。

例《れい》 富士山は　高い。

朝食は　パンだ。

馬が　走る。

2 上の言葉と、下の述語を線で結《むす》んで、文を作りましょう。同じ言葉を二度使《つか》ってはいけません。

タンポポの花が二つ ― さいた。
あの黄色い花は ― タンポポだ。
タンポポの花は ― 黄色い。

論理的《ろんりてき》作文のポイント

文の意味は述語で決まります。
・日本でいちばん高い山は富士山だ。（日本でいちばん高い山はどの山かを伝えたいとき）
・富士山は日本でいちばん高い。（富士山が日本でどういう山かを伝えたいとき）
どの言葉を述語にするとよいか、考えましょう。

ステップ 1 主語と述語

7　第一部／言葉のきまりを知って、正しく文を書こう

くわしい考え方

文章は話し言葉とは違い、目の前に相手がいるわけではありません。会話なら、相手の反応を見て、もっとわかりやすく説明するとか、言い間違えたなら訂正するとか、相手と一緒に会話を作り上げていくことができます。

ところが、文章は自分一人で作り上げ、完成されたものとして提出されるのです。とくにメールなどの文章では、一度相手に送信すると、それを取り返すことができません。だから、正確な文章を書く必要があるのです。

もちろん、作文だけでなく、試験の答案なども、正確な文章を書かなければなりません。

では、正確な文章とはどんな文章でしょうか?

まず日本語の規則に従って書いた文章です。そして、論理的に書かれた文章なのです。でも、おそらくみなさんは日本語の規則や論理を意識せずに、何となく自己流で文章を書いてきたと思います。だから、どれだけ練習しても、正確な文章を書くことができないでいるのです。

1 どんなに長い文章も、一文が集まってできたものです。まずは正確な一文を作ることから始めましょう。

一文は中心となる言葉、つまり、要点と、それを説明する言葉からできています。要点となる言葉は主語と述語です。まずは主語と述語の二語で文を作ってみましょう。

「富士山は」「朝食は」「馬が」はどれも主語になる言葉です。後は、意味から考えて、その主語にふさわしい述語を書きましょう。

たとえば、「富士山はパンだ」とか、「富士山は走る」は意味が変ですね。「馬がパンだ」もやはり意味の上でつながりません。

2 日本語では大切な言葉、あるいは言いたいことは述語にあるのです。そこで、述語からそれにふさわしい主語を選びます。たとえば、述語が「タンポポだ」ならば、主語を「タンポポの花は」にするのはおかしいですね。

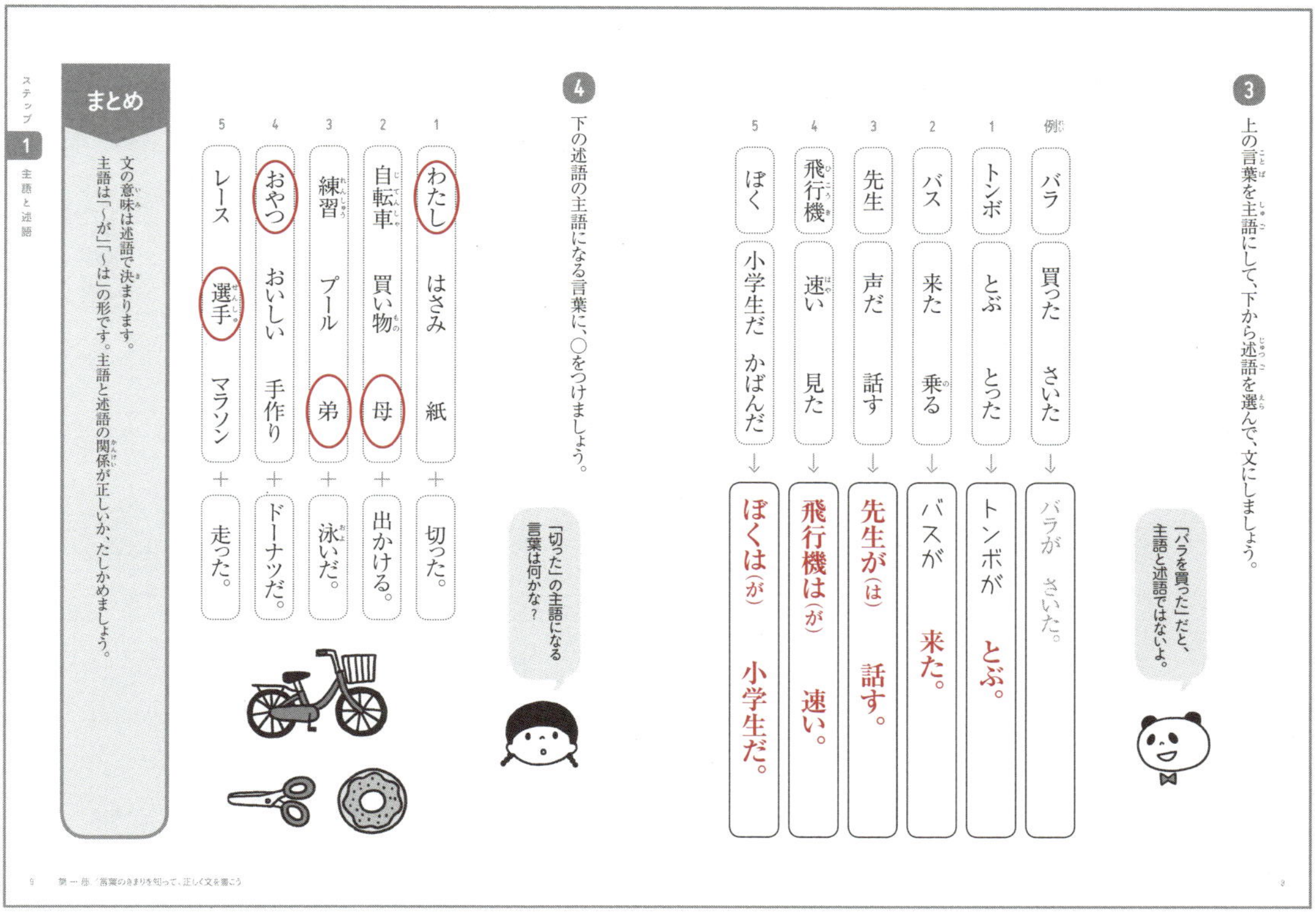

3 上の言葉《ことば》を主語《しゅご》にして、下から述語《じゅつご》を選《えら》んで、文にしましょう。

例《れい》 バラ　買った　さいた → バラが　さいた。

1 トンボ　とぶ　とった → トンボが　とぶ。

2 バス　来た　乗《の》る → バスが　来た。

3 先生　声だ　話す → 先生が(は)　話す。

4 飛行機《ひこうき》　速《はや》い　見た → 飛行機は(が)　速い。

5 ぼく　小学生だ　かばんだ → ぼくは(が)　小学生だ。

「バラを買った」だと、主語と述語ではないよ。

4 下の述語の主語になる言葉に、○をつけましょう。

1 わたし　はさみ　紙　＋　切った。

2 自転車《じてんしゃ》　買い物《もの》　母　＋　出かける。

3 練習《れんしゅう》　プール　弟　＋　泳《およ》いだ。

4 おやつ　おいしい　手作り　＋　ドーナツだ。

5 レース　選手《せんしゅ》　マラソン　＋　走った。

「切った」の主語になる言葉は何かな？

まとめ

文の意味《いみ》は述語で決《き》まります。
主語は「〜が」「〜は」の形です。主語と述語の関係《かんけい》が正しいか、たしかめましょう。

ステップ 1 主語と述語

9　第一部　言葉のきまりを知って、正しく文を書こう　8

3 まず上の段が主語になる言葉だから、主語に対して、述語になる言葉を選びます。「バラが買った」とは言いません。「買う」のは人間です。

1「トンボがとった」とは言いません。人間がトンボを捕るのです。

2「バスが乗る」とは言いません。人間がバスに乗るのです。

3「先生が声だ」はおかしいですね。

4「飛行機は見た」とは言いません。人間が飛行機を見るのです。

5「ぼくはかばんだ」は、おかしいですね。

4 今度は述語から主語を考えます。述語に対して、「だれが」「何が」にあたるものを選びましょう。

日本語では、前の文と主語が変わらないとき、後の文の主語が省略されることがよくあります。だから、述語から主語を考える習慣を身につけましょう。

1「切った」に対して、「だれが」にあたるのは「わたしが」。

2「出かける」に対して、「だれが」にあたるのは「母が」。

3「泳いだ」に対して、「だれが」にあたるのは「弟が」。

4「ドーナツだ」に対して、「何は」にあたるのは「おやつは」。

5「走った」に対して、「だれが」にあたるのは「選手が」。

このように主語と述語は「〜が」「〜は」でつながるもので、つながらない言葉は主語にはなりません。

また、主語と述語の二つの言葉だけで文を作ることができるのです。

10〜13ページの答え

ステップ
2
一文の要点《ようてん》

月　日

このステップでは

「文の要点となる「だれ（何）が、何を、どうした」が、はっきりわかる文を書く練習《れんしゅう》をしましょう。（この「何を」を表《あらわ》す言葉《ことば》を、この本では目的語《もくてきご》といいます。）

・**わたしの　弟は　宿題《しゅくだい》を　した。**

右の文の主語《しゅご》と述語《じゅつご》をぬき出すと「弟は　した」ですが、これだけでは何をしたのかわかりません。そこで、意味《いみ》がわかるように「何を」の言葉を加《くわ》えましょう。「弟は　宿題を　した」なら、意味がわかります。この「何を」を表す言葉を、目的語といいます。
一文の要点（大切なところ）になるのは、主語・述語・目的語です。

1 次《つぎ》の文の、主語、述語、目的語をそれぞれ書きましょう。

わたしの　たん生日に　母は　チョコレートの　ケーキを　焼《や》いた。

主語 **母は**　目的語 **ケーキを**　述語 **焼いた**

昨日《きのう》の　日曜、両親《りょうしん》は　植物園《しょくぶつえん》で　めずらしい　バラを　見た。

主語 **両親は**　目的語 **バラを**　述語 **見た**

2 例《れい》のように、後の□から目的語を選《えら》んで、文を完成《かんせい》させましょう。

例　ツバメが　巣を　作った。
1　父が　**お茶を**　飲《の》む。
2　母が　**買い物に**　行く。
3　新聞が　**ニュースを**　伝《つた》える。

お茶を　巣《す》を　ニュースを　買い物《もの》に

論理的《ろんりてき》作文のポイント

目的語には、「〜を」のほかに、「〜に」「〜も」の形になるものがあります。
・わたしは　学校に　行く。
・（兄は　マンガを　読んだ。）兄は　小説《しょうせつ》も　読んだ。
主語と述語だけでは意味がよくわからないときは、どんな言葉があればよいか、考えましょう。

ステップ 2　一文の要点

11　第一部「言葉のきまりを知って、正しく文を書こう」　10

くわしい考え方

主語と述語は要点となる言葉です。しかし、「私はした」というように、主語と述語だけでは何のことか意味がわからないことがあります。そこで、たとえば、「私は勉強をした」のように、何を「した」のか説明の言葉を補わなければなりません。この「〜を」「〜に」「〜も」という形をもった言葉も、要点となる言葉といえます。私はこれらを目的語と呼んでいます。学校の文法では、修飾語の一つとして習いますが、文の要点を意識するためにこの本では目的語として説明します。

1
・まず述語から探します。「焼いた」が述語で、「だれが」かというと「母」だとわかります。「母は焼いた」だけでは何を焼いたのかわからないので、「ケーキを」が目的語だとわかります。
・述語は「見た」、だれが見たかというと、「両親は」。何を見たかというと、「バラを」。これだけで文の要点がつかめます。

2
1　父が何を飲んだかというと、「お茶を」。
2　母がどこに行くのかというと、「買い物に」。
3　新聞が何を伝えるかというと、「ニュースを」。
このように主語と述語だけではわからない文も、目的語を加えると意味がわかる文になるのです。

文を書くときは、要点を明確にします。あとは必要に応じて、説明する言葉を加えるだけで、どんな文でも出来上がります。
逆に、どれほど多くの言葉を使っても、要点が明確でない文は、結局何が言いたいのかわからない、おかしな文となってしまうのです。

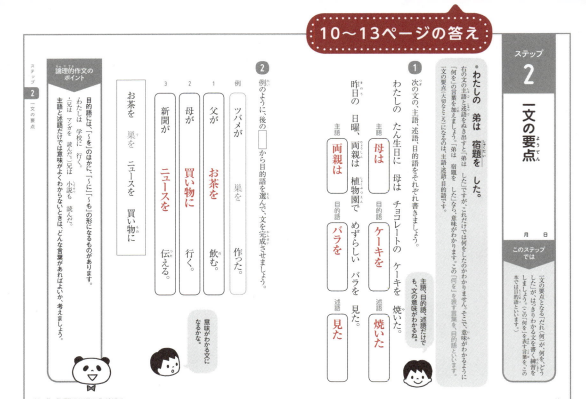

3 次《つぎ》の文の主語《しゅご》、目的語《もくてきご》、述語《じゅつご》をぬき出して、例《れい》のように文を作りましょう。

例　妹は　夏休みに　庭《にわ》で　朝顔を　育《そだ》てた。→　妹は朝顔を育てた。

1　大きな　鳥が　ゆうゆうと　空を　とんでいる。
鳥が空をとんでいる。

2　多くの　草木が　色とりどりの　花を　さかせている。
草木が花をさかせている。

3　コンピューターは　とても　たくさんの　情報《じょうほう》を　記録《きろく》できる。
コンピューターは情報を記録できる。

4　姉は　毎日　家で　ゴミ出しや　食器洗《しょっきあら》いなどの　手伝《てつだ》いを　している。
姉は手伝いをしている。

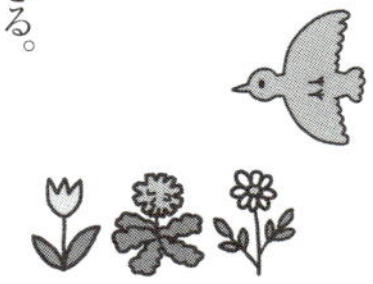

4 次の三つの言葉《ことば》をならべかえて、主語、目的語、述語のある文を書きましょう。
（それぞれ、どれか一つの言葉は、役《やく》わりが決まっています）

例　メダカ　産《う》んだ　たまご　→　メダカが　たまごを　産んだ。

1　水　飲《の》む　馬　→　馬が　**水を飲む。**

2　父　弟　しかる　→　**父が（は）**　弟を　**しかる。**

3　気持《きも》ち　明るくする　歌　→　**歌は（が）気持ちを**　明るくする。

4　地面《じめん》　雨　ぬらす。　→　雨が　**地面をぬらす。**

まとめ
主語と述語だけでは文の意味《いみ》がわからないときは、目的語を付《つ》けたして意味のわかる文にしましょう。

ステップ 2　一文の要点

13　第一部　言葉のきまりを知って、正しく文を書こう　12

3 要点を見分けます。要点は主語と述語、そして、目的語でしたね。述語から先に考えると、要点をつかみやすくなります。

1　述語は「とんでいる」で、主語が「鳥が」。目的語は「空を」。「大きな」→「鳥が」、「ゆうゆうと」→「とんでいる」と、それぞれ説明しています。

2　述語は「さかせている」で、主語が「草木が」。目的語は「花を」。「多くの」→「草木が」、「色とりどりの」→「花を」と説明しています。

3　述語は「記録できる」で、主語が「コンピューターは」。目的語は「情報を」。「とても」→「たくさんの」→「情報を」と説明しています。

4　述語は「している」で、主語が「姉は」。目的語は「手伝いを」。「毎日」→「している」、「家で」→「している」、「ゴミ出しや食器洗いなどの」→「手伝いを」と説明しています。

4 まず役割が決まっている言葉から考えましょう。

1　馬がどうするのかというと、「飲む」。何を飲んだのかというと、「水」。

2　弟をどうしたのかというと、「しかる」。だれがしかったのかというと、「父が」。

3　何が明るくするのかというと、「歌は（が）」。何を明るくするのかというと、「気持ちを」。

4　雨がどうするのかというと、「ぬらす」。何をぬらすのかというと、「地面を」。

このように一文を作成するにあたって、要点となる言葉をしっかりつかまえる練習をしていきましょう。

14〜17ページの答え

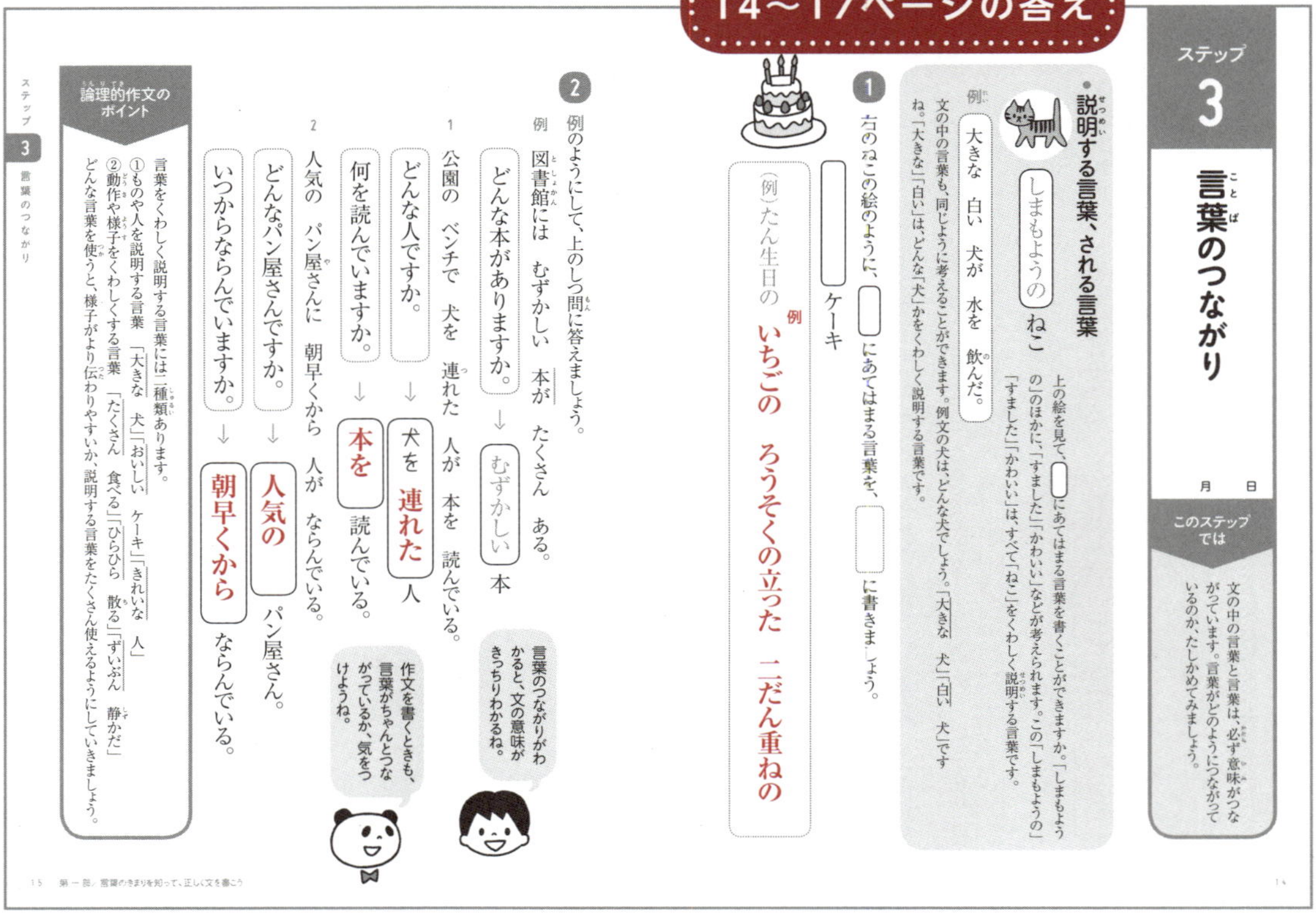

ステップ 3

言葉《ことば》のつながり

月　日

このステップでは

文の中の言葉と言葉は、必《かなら》ず意味《いみ》がつながっています。言葉がどのようにつながっているのか、たしかめてみましょう。

● 説明《せつめい》する言葉、される言葉

しまもようの　ねこ

上の絵を見て、□にあてはまる言葉を書くことができますか。「しまもようの」のほかに、「すました」「かわいい」などが考えられます。この「しまもようの」「すました」「かわいい」は、すべて「ねこ」をくわしく説明《せつめい》する言葉です。

例《れい》　大きな　白い　犬が　水を　飲《の》んだ。

文の中の言葉も、同じように考えることができます。例文の犬は、どんな犬でしょう。「大きな　犬」「白い　犬」ですね。「大きな」「白い」は、どんな「犬」かをくわしく説明する言葉です。

1 右のねこの絵のように、□にあてはまる言葉を、□に書きましょう。

□ケーキ

(例)たん生日の　例 **いちごの　ろうそくの立った　二だん重ねの**

2 例のようにして、上のしつ問《もん》に答えましょう。

例　図書館《としょかん》には　むずかしい　本が　たくさん　ある。

どんな本がありますか。→ むずかしい 本

1　公園の　ベンチで　犬を　連《つ》れた　人が　本を　読んでいる。

どんな人ですか。→ 犬を **連れた** 人

何を読んでいますか。→ **本を** 読んでいる。

2　人気の　パン屋《や》さんに　朝早くから　人が　ならんでいる。

どんなパン屋さんですか。→ **人気の** パン屋さん。

いつからならんでいますか。→ **朝早くから** ならんでいる。

言葉のつながりがわかると、文の意味がきっちりわかるね。

作文を書くときも、言葉がちゃんとつながっているか、気をつけようね。

論理的《ろんりてき》作文のポイント

言葉をくわしく説明する言葉には二種類《しゅるい》あります。

①ものや人を説明する言葉　「大きな　犬」「おいしい　ケーキ」「きれいな　人」

②動作《どうさ》や様子《ようす》をくわしくする言葉　「たくさん　食べる」「ひらひら　散《ち》る」「ずいぶん　静《しず》かだ」

どんな言葉を使《つか》うと、様子がより伝《つた》わりやすいか、説明する言葉をたくさん使えるようにしていきましょう。

ステップ 3　言葉のつながり

15　第一部／言葉のきまりを知って、正しく文を書こう

14

くわしい考え方

言葉と言葉はつながっています。主語と述語、目的語と述語もつながっているのです。それ以外の言葉のつながりとして、くわしく説明する言葉（修飾語）があります。

たとえば、目の前の花を表現するとき、「花」では表現したことになりません。なぜなら、目の前の花はこの世に一つしかないのに対して、「花」という言葉は世界中の花の総称だからです。そこで、「私の机の上に置いた、鉢植えの花」というように、「花」をくわしく説明する言葉をつける必要があるのです。

かざる言葉には、主に次の二種類があります。もの（人）を説明する言葉と、動作や様子をくわしくする言葉です。

「人間」でも、「もの」でも、たった一つしかないものを表すために、どのような説明の言葉をつけると伝わりやすくなるのか、それを考えることが、正確な文を書くための第一歩です。

1 絵を見て、「ケーキ」にどのような説明の言葉をつければいいのかを考えましょう。「いちごの」「ろうそくの立った」「二だん重ねの」などが解答例です。「大きい」「小さい」などはこの絵からは判断できません。なるべく客観的に描写するようにしましょう。

2 一文の中で、説明する言葉とされる言葉とを指摘する問題です。

1　主語が「人が」、述語が「読んでいる」、何を？「本を」です。「犬を」→「連れた」→「人が」、「本を」→「読んでいる」とつながっています。

2　主語が「人が」で、述語が「ならんでいる」。「人気の」→「パン屋さんに」→「ならんでいる」、「朝早くから」→「ならんでいる」とつながっています。

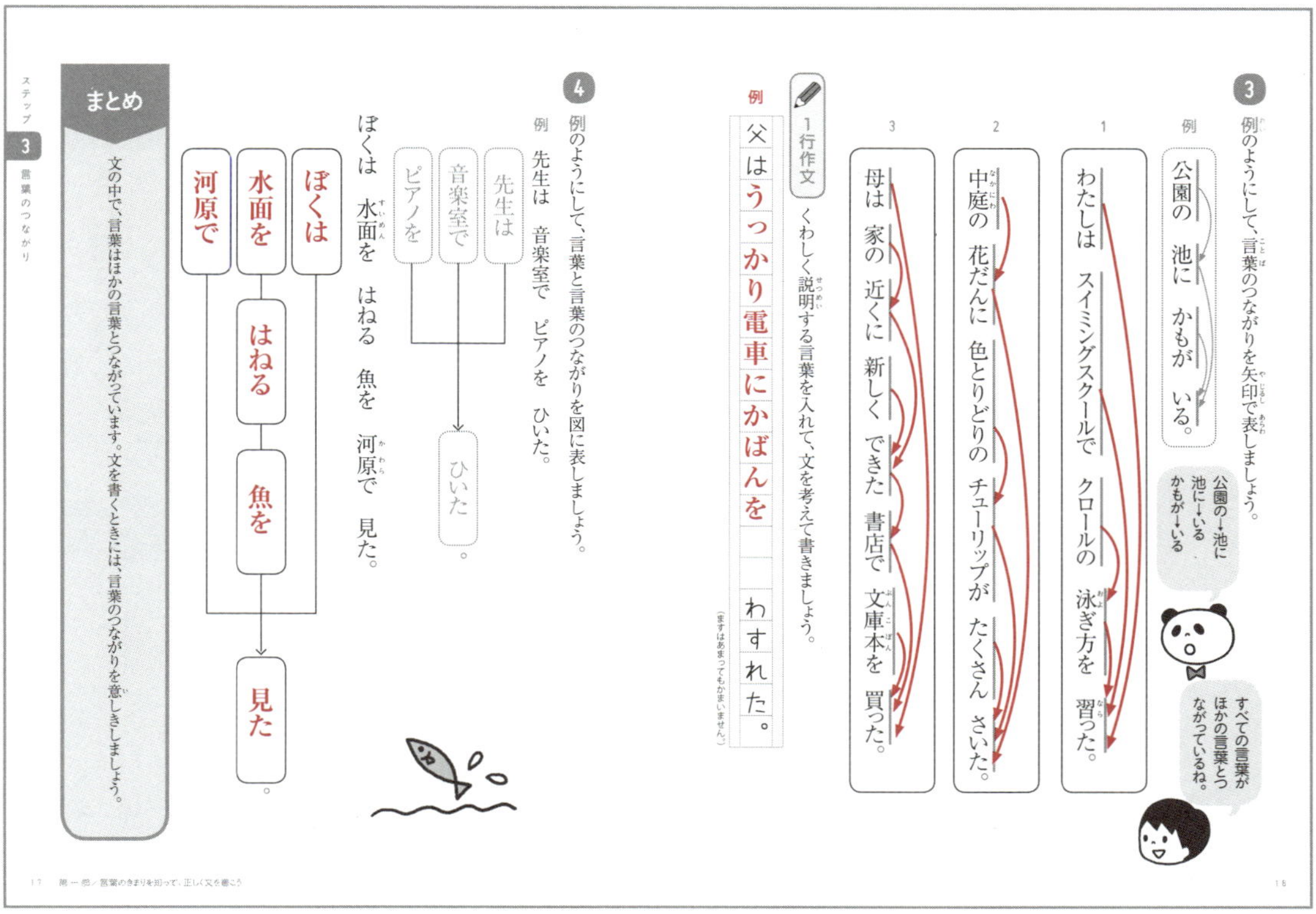

3 例《れい》のようにして、言葉《ことば》のつながりを矢印《やじるし》で表《あらわ》しましょう。

例 公園の　池に　かもが　いる。

1 わたしは　スイミングスクールで　クロールの　泳《およ》ぎ方を　習《なら》った。

2 中庭《なかにわ》の　花だんに　色とりどりの　チューリップが　たくさん　さいた。

3 母は　家の　近くに　新しく　できた　書店で　文庫本《ぶんこぼん》を　買った。

1行作文　くわしく説明《せつめい》する言葉を入れて、文を考えて書きましょう。

例 父はうっかり電車にかばんを　わすれた。

（ますはあまってもかまいません。）

4 例のようにして、言葉と言葉のつながりを図に表しましょう。

例 先生は　音楽室で　ピアノを　ひいた。

先生は／音楽室で／ピアノを → ひいた。

ぼくは　水面《すいめん》を　はねる　魚を　河原《かわら》で　見た。

ぼくは／水面を→はねる→魚を／河原で → 見た。

まとめ
文の中で、言葉はほかの言葉とつながっています。文を書くときには、言葉のつながりを意《い》しきしましょう。

ステップ3　言葉のつながり

17　第一部／言葉のきまりを知って、正しく文を書こう　16

❸ 言葉と言葉のつながりを考えましょう。「はい」「やあ」といった独立語と言われる感動詞以外は、すべての言葉が他の言葉とつながっています。

1　主語が「わたしは」、述語が「習った」、目的語が「泳ぎ方を」。これだけで「わたしは泳ぎ方を習った」と文が成立します。「クロールの」→「泳ぎ方を」→「習った」、「スイミングスクールで」→「習った」とつながります。

2　主語が「チューリップが」で、述語が「さいた」。「中庭の」→「花だんに」→「さいた」、「色とりどりの」→「チューリップが」→「さいた」、「たくさん」→「さいた」とつながります。

3　主語が「母は」で、述語が「買った」、目的語が「文庫本を」。「家の」→「近くに」→「できた」→「書店で」、「新しく」→「できた」→「書店で」→「買った」、「文庫本を」→「買った」とつながります。

1行作文

主語の「父は」と述語の「わすれた」が与えられています。そこで、何をわすれたのか、まず目的語を考えましょう。次に、「うっかり」とか「あわてて」など、「わすれた」様子を説明する言葉を考えましょう。

❹ 一つの文は主語と述語、説明する言葉とされる言葉というように、日本語の規則で成り立っています。そこで、言葉のつながりを図式化することができるのです。

主語が「ぼくは」、述語が「見た」、目的語が「魚を」。「水面を」→「はねる」→「魚を」→「見た」、「河原で」→「見た」と、言葉がつながっています。

18〜21ページの答え

ステップ 4 文の書きかえ

月　日

このステップでは

主語《しゅご》を入れかえたり、二つの文を一つの文にしたりして、文の書き方の基本を練習《れんしゅう》しましょう。

● 主語・述語《じゅつご》を入れかえる

例《れい》
・奈良《なら》の法隆寺《ほうりゅうじ》は、世界《せかい》でいちばん古い木造《もくぞう》の建《けん》ちく物《ぶつ》だ。
・世界でいちばん古い木造の建ちく物は、奈良の法隆寺だ。

ステップ1で、文の意味《いみ》の中心は述語であることを学習しました。主語と述語を入れかえると、文の意味は同じでも、伝《つた》わり方が変《か》わります。

右の文は、法隆寺がどんな建物《たてもの》かを説明《せつめい》しているよ。
左の文は、いちばん古い木造の建物が法隆寺だといっているんだね。

1 ――線の言葉《ことば》が主語になるように文を書きかえましょう。

1 環境《かんきょう》にやさしいといわれるのが風力発電《はつでん》だ。

風力発電は　**環境にやさしいといわれる。**

2 親から子、子から孫《まご》へと語りつがれてきた物語《ものがたり》が昔話《むかしばなし》です。

昔話は　**親から子、子から孫へと語りつがれてきた物語です。**

2 ――線の言葉が述語になるように文を書きかえましょう。

1 『キュリー夫人《ふじん》』は、図書館《としょかん》で一番人気の伝記《でんき》です。

図書館で一番人気の伝記が（は）　『キュリー夫人』です。

2 回文《かいぶん》は、上から読んでも下から読んでも同じ読み方になる文です。

上から読んでも下から読んでも同じ読み方になる文が（は）、回文です。

3 ニュースとは、毎日起こるさまざまな出来事のうち、テレビや新聞などで多くの人に伝えられるものです。

毎日起こるさまざまな出来事のうち、テレビや新聞などで多くの人に伝えられるものが（は）　ニュースです。

1行作文　次《つぎ》の文の言葉の順番《じゅんばん》を入れかえて、同じ意味の文を書きましょう。

夏至《げし》は、一年でいちばん昼間の時間が長い日です。

一年でいちばん昼間の時間が長い日が（は）　夏至です。

（ますはあまってもかまいません。）

くわしい考え方

私たちは伝えたいことを正確に文にしなければなりません。何をいちばん伝えたいかによって、文の作り方は異なってきます。最も伝えたいことを、述語にしましょう。文を書きかえるときは、今まで学習してきた日本語の規則を意識します。

1

1 述語を主語に変えます。それによって、何を伝えたいかが異なってきます。「風力発電は」という主語に対して、述語は「いわれる」。後は、「環境に」→「やさしいと」→「いわれる」とつながります。

2 主語の「昔話は」に対する述語は、「物語です」。そこで、「昔話は物語です」が文の要点とわかります。次に言葉のつながりを考えます。「親から子、子から孫へと語りつがれてきた」が「物語」を説明しています。

2 今度は主語を述語に変えます。主語に対応する述語を考えましょう。

1 主語の「『キュリー夫人』は」を述語に変えると「『キュリー夫人』です（だ）」となります。それに対して、主語は「伝記が」。「図書館で一番人気の」と説明の言葉がつきます。

2 主語の「回文は」を述語に変えると、「回文です（だ）」。それに対して、主語は「文が（は）」となります。主語には「上から読んでも下から読んでも同じ読み方になる」と、説明の言葉がつきます。

3 主語の「ニュースとは」を述語にすると「ニュースです（だ）」となります。それに対して、主語は「伝えられるものが」。後は主語に対して「毎日起こるさまざまな出来事のうち、テレビや新聞などで多くの人に」と説明の言葉がつきます。

1行作文

主語と述語を入れ替えると、「日が（は）夏至です」、「日」に「一年でいちばん昼間

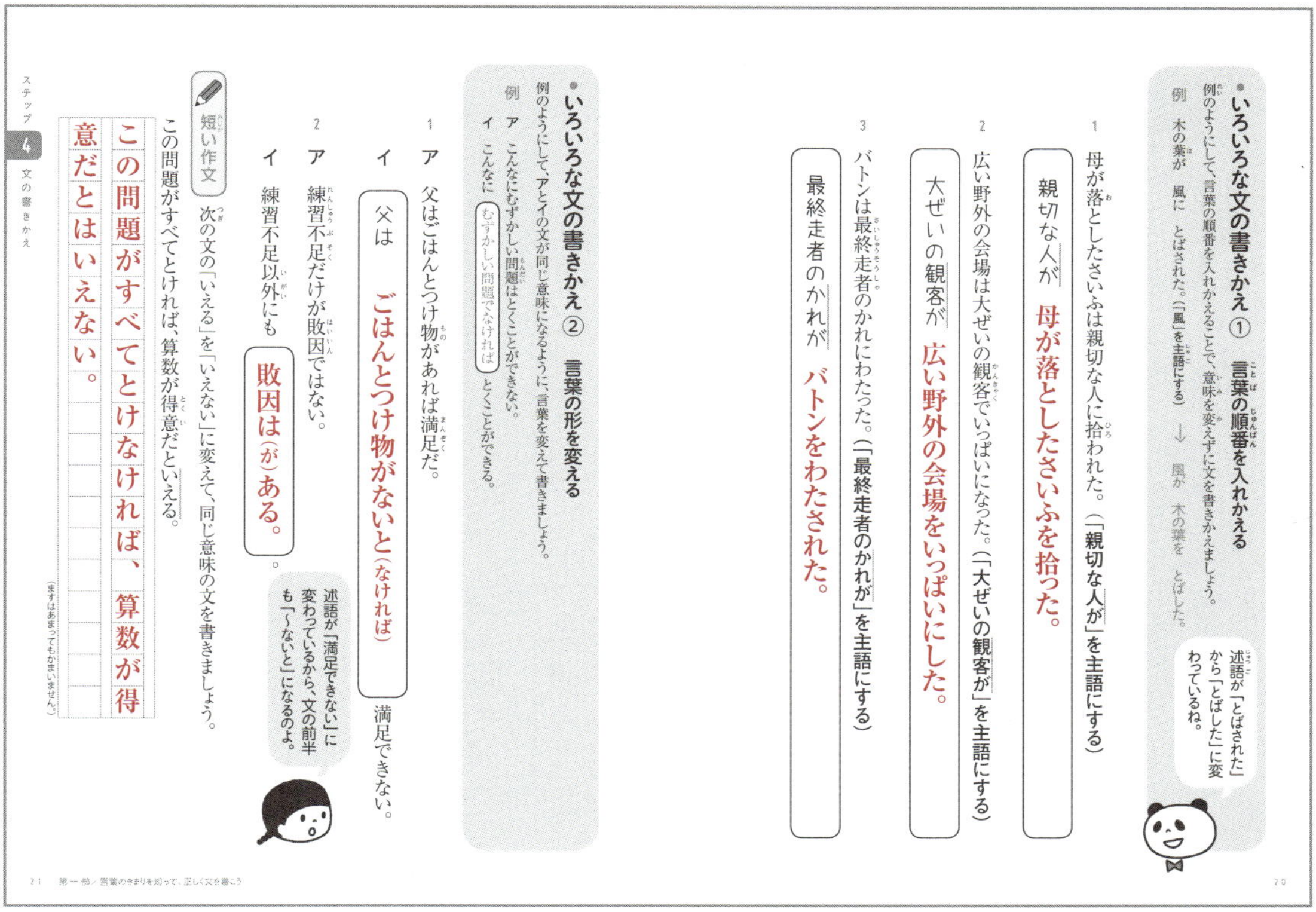

● いろいろな文の書きかえ ① 言葉《ことば》の順番《じゅんばん》を入れかえる

例《れい》のようにして、言葉の順番を入れかえることで、意味《いみ》を変《か》えずに文を書きかえましょう。

例 木の葉《は》が 風に とばされた。（「風」を主語《しゅご》にする） → 風が 木の葉を とばした。

述語《じゅつご》が「とばされた」から「とばした」に変わっているね。

1 母が落《お》としたさいふは親切な人に拾《ひろ》われた。（「親切な人が」を主語にする）

親切な人が 母が落としたさいふを拾った。

2 広い野外の会場は大ぜいの観客《かんきゃく》でいっぱいになった。（「大ぜいの観客が」を主語にする）

大ぜいの観客が 広い野外の会場をいっぱいにした。

3 バトンは最終走者《さいしゅうそうしゃ》のかれにわたった。（「最終走者のかれが」を主語にする）

最終走者のかれが バトンをわたされた。

20

● いろいろな文の書きかえ ② 言葉の形を変える

例のようにして、アとイの文が同じ意味になるように、言葉を変えて書きましょう。

例 ア こんなにむずかしい問題《もんだい》はとくことができない。
イ こんなに むずかしい問題でなければ とくことができる。

1 ア 父はごはんとつけ物《もの》があれば満足《まんぞく》だ。
イ 父は ごはんとつけ物がないと（なければ） 満足できない。

2 ア 練習不足《れんしゅうぶそく》だけが敗因《はいいん》ではない。
イ 練習不足以外《いがい》にも 敗因は（が）ある。 。

述語が「満足できない」に変わっているから、文の前半も「～ないと」になるのよ。

短《みじか》い作文

次《つぎ》の文の「いえる」を「いえない」に変えて、同じ意味の文を書きましょう。

この問題がすべてとければ、算数が得意《とくい》だといえる。

この問題がすべてとけなければ、算数が得意だとはいえない。

（ますはあまってもかまいません。）

21 第一部／言葉のきまりを知って、正しく文を書こう

ステップ 4 文の書きかえ

の時間が長い」と、説明の言葉がつきます。

・いろいろな文の書きかえ① 言葉の順番を入れかえる

述語以外の言葉でも主語にすることができます。意味を変えずに書きかえるためには、述語の形を考えましょう。

1 「親切な人が」を主語にすると、述語は「拾われた」ではなく、「拾った」に変わります。「拾った」のは「さいふ」で、「親切な人がさいふを拾った。」が一文の要点。後は、「母が落とした」→「さいふを」と、説明の言葉をつけます。

2 「大ぜいの観客が」を主語にすると、述語は「なった」から「した」に変わります。「大ぜいの観客が会場をいっぱいにした。」が、一文の要点。「広い」→「野外の」→「会場を」と、説明の言葉をつけます。

3 「最終走者のかれが」を主語にすると、述語の「わたった」は「わたされた」に変わります。「わたされた」のは「バトン」なので、「最終走者のかれがバトンをわたされた。」となります。

・いろいろな文の書きかえ② 言葉の形を変える

今度は意味を変えないで、肯定文を否定文に、あるいは、否定文を肯定文に変える問題です。文の意味をよく考えてください。

1 述語の「満足だ」を「満足できない」に変えます。「ごはんとつけ物があれば満足」ということは、逆に言うと、「ごはんとつけ物がないと（なければ）満足できない」ということなので、「あれば」を「ないと（なければ）」に変えます。

2 「練習不足だけが敗因ではない」ということは、逆にいうと、「練習不足以外にも敗因は（が）ある」ということです。

短い作文

「いえる」を「いえない」に変えます。「この問題がすべてとければ、算数が得意だといえる」ということは、「すべてとけなければ得意とはいえない」ということになります。

22〜23ページの答え

・いろいろな文の書きかえ ③　二文を一文にする

例《れい》のように、右の文の中に、左の文を入れるようにして、二つの文を一つの文にしましょう。

例　・お正月に、おぞうにを食べた。
　　・おぞうにに、おもちを二つ入れた。
　　↓　お正月に、おもちを二つ入れたおぞうにを食べた。

1
・今日は宿題《しゅくだい》があります。
・今日の宿題は計算ドリルと漢字《かんじ》プリントです。

今日は、**計算ドリルと漢字プリントの宿題が**　あります。

2
・サボテンにはとげが生えている。
・サボテンのとげは、動物《どうぶつ》から身《み》を守《まも》るためにある。

サボテンには　**動物から身を守るためのとげが**（にある）　生えている。

どんなとげと書けばよいかしら。

3
・わたしは、英会話《えいかいわ》教室に通っている。
・わたしはしょうらい、観光《かんこう》ガイドになりたい。

わたしは　**しょうらい観光ガイドになりたいので、**（ため・から）**英会話教室に**　通っている。

・いろいろな文の書きかえ ④　文の始《はじ》まりに合った形にする

書き出しと終《お》わりが合っていない文を書いてしまうことは、よくあります。文の始まりに合わせて正しい文に書き直しましょう。

例　遠足で行ったのは、水族館《すいぞくかん》がとても広かった。　↓　遠足で行ったのは、とても広い水族館だった。

1
実験《じっけん》でわかったことは、鉄《てつ》はじ石《しゃく》につきました。

実験でわかったことは、**鉄はじ石につくことです。**

2
わたしが大切にしているものは、たん生日に自転車《じてんしゃ》を買ってもらいました。

わたしが大切にしているものは、**たん生日に買ってもらった自転車です。**

まとめ

・文を書きかえることで、文の中の強調《きょうちょう》したい言葉を変えることができます。
・文の始めと終わりの形が合っていない文を書く人がいます。文を書いたら「何が、何を、どうした。（「どんなだ」「何だ」）の関係《かんけい》が正しくなっているか、たしかめましょう。

ステップ 4　文の書きかえ

23　第一部　言葉のきまりを知って、正しく文を書こう　　22

くわしい考え方

・いろいろな文の書きかえ③　二文を一文にする

二つの文の中で、どちらの文を中心にしたらいいのかを考えます。

1　「宿題」が共通の言葉です。「今日は」で始まる文なので、前の文を中心にします。後の文を「宿題」を説明する文にすると、「計算ドリルと漢字プリントの宿題」。これを前の文の「宿題」に置きかえます。

2　後の文の「動物から身を守るため」を前の文に加えて、一文を作成します。「サボテンには、動物から身を守るためのとげが生えている。」となります。

3　主語の「わたしは」が共通。二つの文の関係を考えると、後の文が前の文の理由となるので、「しょうらい観光ガイドになりたいので（ため・から）」と理由を表す語句にして、前の文に加えます。

・いろいろな文の書きかえ④　文の始まりに合った形にする

1　もし、間違った文を書いてしまったら、後で読み直したときに、その間違いに気がつかなければなりません。
主語が「(わかった)ことは」なので、それに対する述語は「つきました」ではなく、「〜ことです」となります。これにつながるように文を変えると、「鉄はじ石につくことです」となります。

2　主語が「(大切にしている)ものは」なので、それに対する述語は「買ってもらいました」ではなく、「自転車です」になります。述語に合うように形を変えると、「たん生日に買ってもらった自転車です」となります。

文の書きかえ問題では、日本語の規則を意識しましょう。ただ何となく書きかえるのではなく、日本語の規則に従って正確な文を作成します。

24～25ページの答え

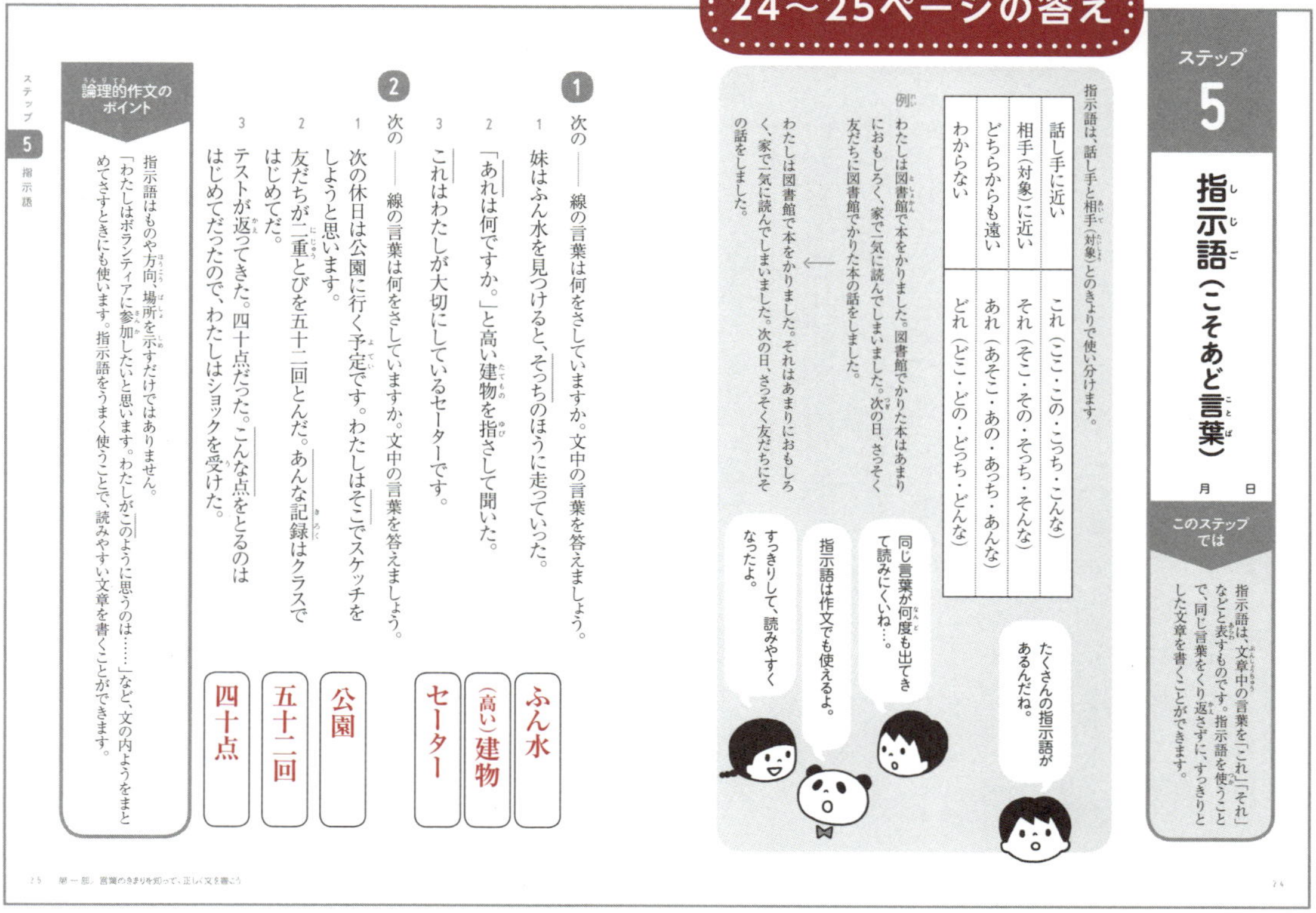
ステップ 5

指《し》示《じ》語《ご》（こそあど言葉《ことば》）

月　日

このステップでは

指示語は、文章中《ぶんしょうちゅう》の言葉を「これ」「それ」などと表《あらわ》すものです。指示語を使《つか》うことで、同じ言葉をくり返《かえ》さずに、すっきりとした文章を書くことができます。

指示語は、話し手と相手《あいて》（対象《たいしょう》）とのきょりで使い分けます。

話し手に近い	これ（ここ・この・こっち・こんな）
相手（対象）に近い	それ（そこ・その・そっち・そんな）
どちらからも遠い	あれ（あそこ・あの・あっち・あんな）
わからない	どれ（どこ・どの・どっち・どんな）

例《れい》　わたしは図書館《としょかん》で本をかりました。図書館でかりた本はあまりにおもしろく、家で一気に読んでしまいました。次《つぎ》の日、さっそく友だちに図書館でかりた本の話をしました。

↓

わたしは図書館で本をかりました。それはあまりにおもしろく、家で一気に読んでしまいました。次の日、さっそく友だちにその話をしました。

たくさんの指示語があるんだね。
同じ言葉が何度《なんど》も出てきて読みにくいね…。
指示語は作文でも使えるよ。
すっきりして、読みやすくなったよ。

1 次の——線の言葉は何をさしていますか。文中の言葉を答えましょう。

1 妹はふん水を見つけると、そっちのほうに走っていった。　**ふん水**

2 「あれは何ですか。」と高い建物《たてもの》を指《ゆび》さして聞いた。　**（高い）建物**

3 これはわたしが大切にしているセーターです。　**セーター**

2 次の——線の言葉は何をさしていますか。文中の言葉を答えましょう。

1 次の休日は公園に行く予定《よてい》です。わたしはそこでスケッチをしようと思います。　**公園**

2 友だちが二重《にじゅう》とびを五十二回とんだ。あんな記録《きろく》はクラスではじめてだ。　**五十二回**

3 テストが返《かえ》ってきた。四十点だった。こんな点をとるのははじめてだったので、わたしはショックを受《う》けた。　**四十点**

論理的《ろんりてき》作文のポイント

指示語はものや方向《ほうこう》、場所《ばしょ》を示《しめ》すだけではありません。「わたしはボランティアに参加《さんか》したいと思います。わたしがこのように思うのは……」など、文の内ようをまとめてさすときにも使います。指示語をうまく使うことで、読みやすい文章を書くことができます。

くわしい考え方

同じ言葉を繰り返すとき、それを指示語に置きかえることで、すっきりとした文を書くことができます。たとえば、「図書館でかりた本」という言葉を「それ」に置きかえるとき、「それ」という指示語は「図書館でかりた本」を指しています。どんな指示語を使うかは、自分と相手（対象）との距離などで決まります。

1 一文の中で指示内容を見つける問題です。答えを書いたら、指示内容を指示語に置きかえて確認しましょう。

1 妹は「ふん水」の方に走っていったので、「そっち」は「ふん水」をさします。

2 「（高い）建物」を指さして、「あれ」と言っているので、「あれ」は「（高い）建物」をさしています。

3 わたしが大切にしているのは「セーター」なので、「これ」は「セーター」をさします。

2 前文から指示内容を見つける問題です。

1 わたしがスケッチをしようと思う「そこ」は、前文の「公園」をさしているとわかります。

2 クラスではじめての「あんな記録」は、前文の「五十二回」をさしているとわかります。

3 わたしがショックを受けたのは、前文の「四十点」だったからなので、「こんな点」は「四十点」をさすことがわかります。

指示語をうまく使うことは、上手な文を書くために必要になります。しっかり練習しておきましょう。

26〜27ページの答え

3 例《れい》のように、□にあてはまるように【　】の指示語《しじご》の形を変《か》えて書きましょう。

例 【どれ】 あなたは どんな 食べ物《もの》が好《す》きですか。

1 【それ】 **その** 本はおもしろい。

2 【これ】 「急《いそ》いで **こっち** に来て。」と弟がよんだ。 **（こちら）（ここ）**

3 【あれ】 **あの** 花は何という花ですか。

「どれ」を「どんな」に変えるのね。

「こ」「そ」「あ」「ど」はかえずに、後《あと》に続《つづ》く形を変えるんだね。

短《みじか》い作文 例のように「その」という指示語を使《つか》って続きの文を考えて書きましょう。

例 新しいノートが一さつある。わたしはそのノートをお小づかい帳《ちょう》にすることにした。

例 新しいノートが一さつある。**そのノートは、たん生日に友だちからもらったものだ。**

（ますはあまってもかまいません。）

4 次《つぎ》の——線の言葉《ことば》は何をさしていますか。文中の言葉を答えましょう。

運動会《うんどうかい》には、ダンスや玉入れなど、運動の力を競《きそ》うためではない種目《しゅもく》があります。①それはなぜでしょう。②このような種目で、みんなで体を動《うご》かして楽しむことも、運動会の目的《もくてき》のひとつだからです。

1 ——①「それ」の内ようをさす一文を、□で囲《かこ》みましょう。

2 ——②「このような種目」の例としてあげられているものを二つ書きましょう。

ダンス　**玉入れ**

指示語がさす言葉を正しく見つけられるようになると、自分が作文を書くときも正しく指示語を使えるようになるよ。

まとめ

指示語を使うことで、すっきりとした文章《ぶんしょう》を書くことができます。指示語と、指示語の示《しめ》す内ようが合っているか、使うときには必《かなら》ずたしかめましょう。

ステップ 5 指示語

くわしい考え方

3 指示語が文の中でどのような役割をするのかを考えましょう。

1 「本」をさしている言葉なので、「その」。

2 場所・方向をさしている指示語なので、「こっち」「こちら」「ここ」。

3 「花」をさしている言葉なので、「あの」。

短い作文 「新しいノート」を、指示語を使って「そのノート」とします。「そのノート」を主語にする場合は「そのノートは（が）」、述語にする場合は「そのノートだ」。目的語として「そのノートを」「そのノートに」の形にすることもできますね。

4

1 「なぜでしょう」と筆者は問題を出しています。多くの人が理由を知らない事実があるからです。「運動会には、〜種目があります。」全文が、筆者の示した事実で、この文をさして「それはなぜでしょう」と、読者に答えとなる理由を期待させているのです。

2 「このような種目」は「運動の力を競うためではない種目」をさしています。では、その例としてあげられているのは何か。前文から探すと、「ダンスや玉入れ」だとわかります。ダンスや玉入れで、みんなで体を動かして楽しむことも、運動会の目的の一つなのです。

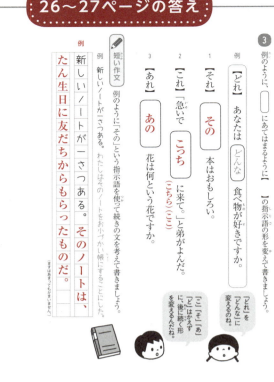

28～29ページの答え

ステップ
6

接続語《せつぞくご》（つなぎ言葉《ことば》）

月　日

このステップでは

接続語は、文と文の関係《かんけい》を表《あらわ》す言葉です。論理的《ろんりてき》な文章《ぶんしょう》を書くには、接続語の意味《いみ》を理解《りかい》し、正しく使《つか》えるようになることが必要《ひつよう》です。

接続語は文と文の関係を表します。まずは、「しかし」と、「だから」を使って表す文と文の関係を理解しましょう。

- **しかし…前のこと、後のことが反対《はんたい》になっている。**

例《れい》　スイミングスクールの進級《しんきゅう》テストがあるので、一生けん命練習《めいれんしゅう》しました。（しかし）かぜをひいて、進級テストを受《う》けることができませんでした。

- **だから…前のことが起《お》きたので、後のことが起きた。**

例　スイミングスクールの進級テストがあるので、一生けん命練習しました。（だから）テストに合格《ごうかく》して、ひとつ上のクラスに行くことができました。

「しかし」の後は、そうなるだろうと予想《よそう》できることとちがう結果《けっか》の文がくるんだね。
一生けん命練習したから、その結果、進級テストに合格したのよね。前の文のことがあったから、後の文のことが起きたといえるわね。

1　次《つぎ》の［　］にあてはまるように、「だから」か「しかし」を書きましょう。

1　明日は朝早くからサッカーの練習《れんしゅう》がある。［**だから**］今日は早く休むことにした。

2　太陽《たいよう》は東からのぼり、西にしずむ。［**しかし**］太陽が動《うご》いているのではない。

3　急《いそ》いでいたのでタクシーに乗《の》った。［**だから**］何とか約束《やくそく》の時間に間に合った。

短《みじか》い作文　「だから」に続《つづ》くように、文を考えて書きましょう。

例　今日は朝から雨がふっている。だから**買い物に行くのは明日にしよう。**

（ますはあまってもかまいません。）

論理的作文のポイント

「小雨《こさめ》がふっている。しかし、運動会《うんどうかい》は行われた。」

この例文で大事《だいじ》なことは「小雨がふっている」ことと、「運動会は行われた」ことのどちらだと思いますか。「運動会は行われた」ということですね。このように、重要《じゅうよう》なことは「しかし」の後に書くと、読み手に伝《つた》わりやすくなります。

ステップ 6 接続語

29　第一部「言葉のきまりを知って、正しく文を書こう」　　28

くわしい考え方

まとまった文章は一文が集まったものです。しかし、何の関係もない一文が集まったところで、まとまった文章にはなりません。そこで、一文と一文との論理的関係を考える必要があります。実は、その文と文との論理的な関係を示す言葉が接続語なのです。だから、接続語を正確に使いこなすことは、国語の問題を解くためだけでなく、文章を書くうえでも大切なことなのです。

順接と逆接の練習です。例題のように、「進級テストがあるので、一生けん命練習しました」とあると、「テストに合格した」と続くことが予測されます。予測どおりであれば「だから」を使います。予測に反して「かぜをひいて、進級テストを受けることができませんでした」ならば「しかし」です。このときの「だから」が順接、「しかし」が逆接です。もちろん、順接には「そこで」「したがって」など、逆接には「けれども」「だが」「でも」など、他にもいろいろな接続語があるのです。

まず順接か逆接かの区別ができるようにしましょう。

また逆接の後に大切なことを持っていくと、とてもわかりやすい文章になることも頭に置いておきましょう。

1

1　早く休むことにした理由が、空所直前の「サッカーの練習」なので、順接の「だから」。

2　太陽が動いて見えるのに対して、空所直後では「太陽が動いているのではない」と、予想に反しているので、逆接の「しかし」。

3　タクシーに乗ったから、約束の時間に間に合ったので、順接の「だから」。

短い作文

順接の「だから」があるので、「雨がふっている」から予想できる内容でなければいけません。「洗たくをするのはやめておこう」「遠足が中止になった」など、だれが読んでもおかしいと思わない文が書ければ正解です。

30〜33ページの答え

「たとえば」と、「つまり」は、どちらも「イコールの関係《かんけい》」（36ページ）を表《あらわ》す接続語《せつぞくご》です。

● たとえば…後のことが、前のことを具体的《ぐたいてき》にくわしく表している。

例　公共《こうきょう》しせつは市の中心部《ちゅうしんぶ》に集《あつ》まっています。（たとえば）市の中心部には、市役所《しやくしょ》や図書館《としょかん》、市民《しみん》会館などがあります。

● つまり…前のことをまとめている。

例　市の中心部には、市役所や図書館、市民会館などがあります。（つまり）公共しせつは市の中心部に集まっています。

● 「つまり」は、あることを別《べつ》の言葉《ことば》で言いかえるときにも使《つか》います。

例　この人はわたしの母の姉です。（つまり）わたしのおばにあたります。

「イコールの関係」って何のことかわかるかな？

公共しせつ ＝ 市役所、図書館、市民会館 ね。「公共しせつ」を具体的にくわしく表したものが「市役所、図書館、市民会館」なのね。

市役所、図書館、市民会館 ＝ 公共しせつ という関係だよ。「市役所、図書館、市民会館」を、「公共しせつ」という言葉でまとめて表しているんだね。

「母の姉」を「おば」と言いかえているのね。

2 次《つぎ》の□にあてはまるように、「つまり」か「たとえば」を書きましょう。

1　日本には大きな港《みなと》がいくつかある。（たとえば）、横浜港《よこはまこう》、神戸港《こうべこう》などだ。

2　母はテニス、水泳《すいえい》、バレーボールをしている。（つまり）体を動《うご》かすことが好《す》きなのだ。

3　夏休みに行きたいところがたくさんあります。（たとえば）、海、花火大会、水族館《すいぞくかん》などです。

短《みじか》い作文　「つまり」に続《つづ》くように、文を考えて書きましょう。

例　わたしには兄と弟、妹がいます。つまりきょうだいが三人いるのです。

（ますはあまってもかまいません。）

ステップ 6 接続語

論理的《ろんりてき》作文のポイント

「つまり」「たとえば」を使うと、文の内ようをまとめたり、具体的にくわしく表したりできます。

何かを説明《せつめい》するとき、具体例をあげると読み手にわかりやすい文章《ぶんしょう》になります。また、具体例をあげてから、それをまとめると、すっきりと伝《つた》わりやすくなります。

30　31　第一部「言葉のきまりを知って、正しく文を書こう」

次は、「つまり」と「たとえば」の練習です。この二つは「イコールの関係」といって、具体と抽象の関係なのです。

太郎君、二郎君、三郎君がいたとして、これをまとめると「男」となります。抽象とは個々に共通するものをまとめること。逆に、個々のものを具体といいます。

この場合は、太郎君、二郎君、三郎君が具体、「男」が抽象となるのです。

このように個々のものをまとめる場合、「つまり」という接続語を使います。逆に、個々のものを挙げるとき、「たとえば」という接続語を使うのです。

「たとえば」は具体例を挙げるときに使うので、例示ともいいます。

2

1　空所の前の「大きな港」に対して、空所の後では「横浜港、神戸港など」と具体例を挙げているので、「たとえば」。

2　空所の前の「テニス、水泳、バレーボール」をまとめると、空所の後の「体を動かすこと」とまとめられているので、「つまり」。

3　空所の前の「行きたいところ」の具体例が、空所の後の「海、花火大会、水族館など」なので、「たとえば」。

短い作文

文章はだれに読まれるのかわからないので、必ず論理的に書かなければなりません。その論理という約束が一文では要点であったり、言葉のつながりであったりするのです。

文を二つ以上続けるときも、論理的に書かなければなりません。その論理的な関係を表すのが接続語ですから、接続語の使い方を学ぶことは、文章を論理的に書くための基本なのです。

今回の問題は、「つまり」という接続語がポイントです。「兄と弟、妹」をまとめると、「つまり、きょうだいが三人います。」「つまり、四人きょうだいです。」などと、まとめられていれば正解となります。

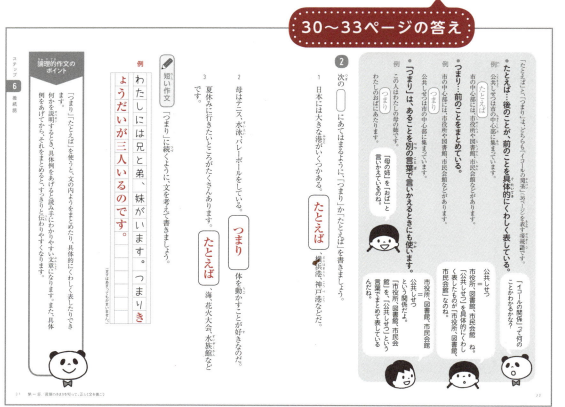

「だから」と、「なぜなら」は、「原因《げんいん》と結果《けっか》の関係《かんけい》」（37ページ）を表《あらわ》す接続語《せつぞくご》です。

● **だから…前のことが起《お》きたので、後のことが起きた。**

● **なぜなら…後のことが起きたのは、前のことが起きたからだ。**

例《れい》 自転車《じてんしゃ》がパンクしてしまいました。原因
（だから）
家まで自転車をおして帰りました。結果

例 家まで自転車をおして帰りました。結果
（なぜなら）
自転車がパンクしてしまったからです。原因

理由《りゆう》が後にあるか、前にあるかで、「だから」と「なぜなら」を使《つか》い分けるのね。
「なぜなら」で始《はじ》まる文は、「〜からだ。」「からです。」で終《お》わることが多いよ。「〜から」は理由を表す言葉《ことば》だよ。

3 次《つぎ》の□にあてはまるように「だから」か「なぜなら」を書きましょう。

1 今日は大きなお祭《まつ》りがあります。［だから］町は多くの人でにぎわっています。

2 買い物《もの》に出かけた母がすぐにもどってきました。［なぜなら］さいふをわすれたからです。

4 次の文章《ぶんしょう》の、理由にあたる部分《ぶぶん》を□で囲《かこ》み、結果にあたる部分の右に——を引きましょう。

ペットボトルやあきかんは、ふつうのゴミとは分けて出すことになっています。［なぜなら、これらはしげんとして再利用《さいりよう》することができるからです。］

短《みじか》い作文 「だから」に続《つづ》くように、文を書きましょう。

例 ゆうべはとてもおそくまで起きていました。だから今日は学校でいねむりをしてしまいました。

（ますはあまってもかまいません。）

論理的《ろんりてき》作文のポイント

文章を書くとき、「原因（理由）」と「結果」をきちんと書くことはとても大切なことです。「だから」「なぜなら」を使うと、「□□のようなことがある。だから、わたしは○○だと思う。」「わたしは○○だと思う。なぜなら□□だからだ。」と、自分の意見《いけん》と理由を明確《めいかく》に示《しめ》すことができるようになります。

ステップ 6 接続語

33 第一部 言葉のきまりを知って、正しく文を書こう　32

次に、「だから」と「なぜなら」の練習をしましょう。「だから」はすでに順接の接続語として登場していますが、今回は理由を表すものとして、その使い方を学びます。

物事には必ず理由があるし、何かを主張するときにも必ずその理由を述べなければなりません。当然、論理的な文章を書くためには、理由が大切な役割を果たします。その理由の表し方には、大きく次の二つがあるのです。

「自転車がパンクしてしまいました。だから、家まで自転車をおして帰りました。」というとき、「自転車をおして帰りました」の理由が、「だから」の前にあるのです。「家まで自転車をおして帰りました。なぜなら、自転車がパンクしてしまったからです」というときは、「自転車をおして帰りました」の理由が「なぜなら」の後にあります。また、「なぜなら」を使うときは、必ず最後に「〜から」をつけることも大切です。

3

1 空所の後の「にぎわっています」の理由が、空所の前の「大きなお祭り」なので、「だから」。

2 「すぐにもどってきました」の理由が、空所の後の「さいふをわすれたから」なので、「なぜなら」。

4 結果なのか、理由なのか、それぞれの文の役割を明確にすることが大切です。「ペットボトルやあきかんは、ふつうのゴミとは分けて出すことになっています」が結果で、その理由が「なぜなら〜から」に示されています。

短い作文

自分の書いた「だから」以下の文の理由が「とてもおそくまで起きていました」になっていれば、正解です。

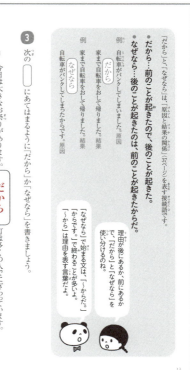

34～35ページの答え

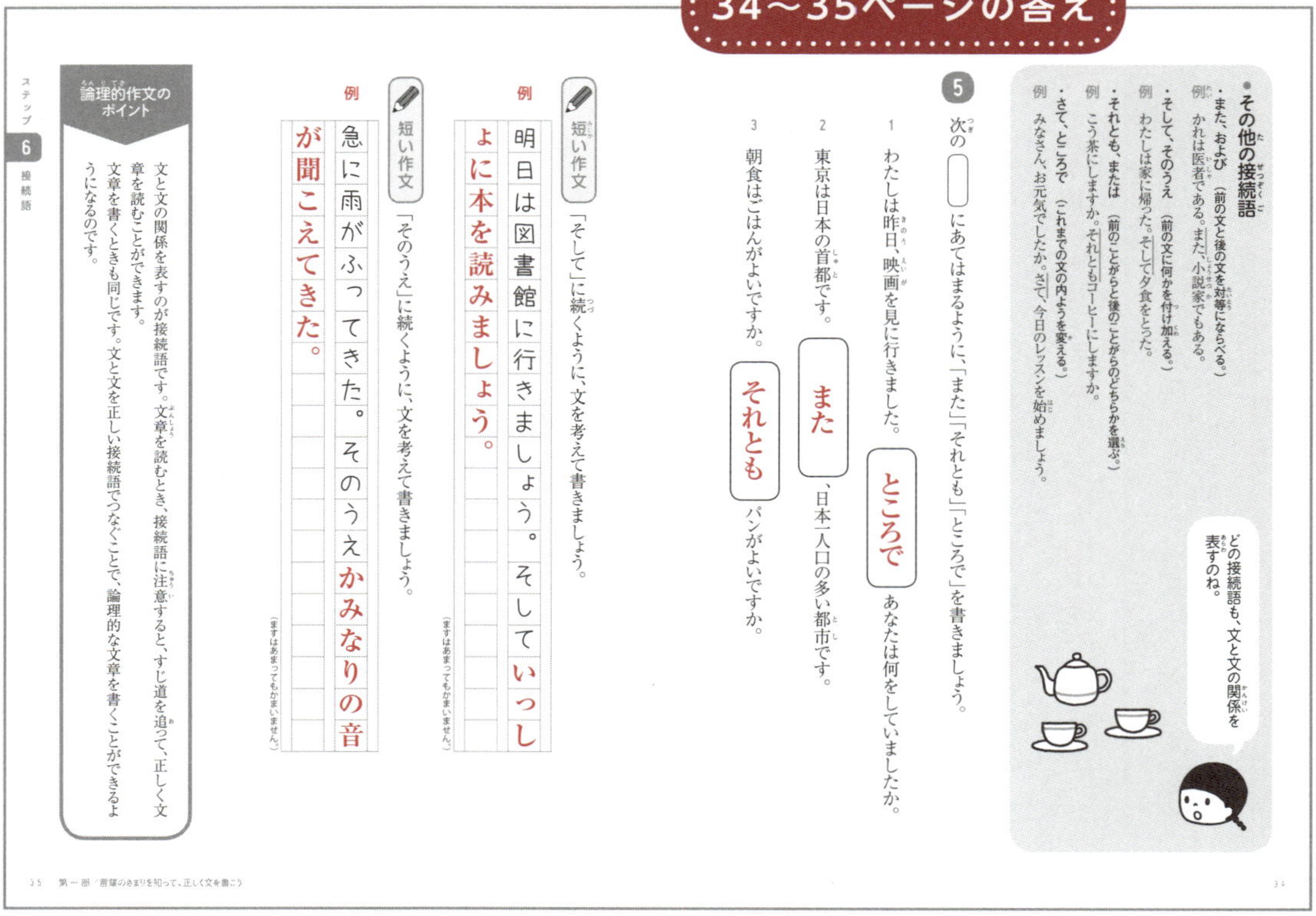

● その他《た》の接続語《せつぞくご》

・また、および　（前の文と後の文を対等《たいとう》にならべる。）

例《れい》　かれは医者《いしゃ》である。また、小説家《しょうせつか》でもある。

・そして、そのうえ　（前の文に何かを付《つ》け加《くわ》える。）

例　わたしは家に帰った。そして夕食をとった。

・それとも、または　（前のことがらと後のことがらのどちらかを選《えら》ぶ。）

例　こう茶にしますか。それともコーヒーにしますか。

・さて、ところで　（これまでの文の内ようを変《か》える。）

例　みなさん、お元気でしたか。さて、今日のレッスンを始《はじ》めましょう。

5　次《つぎ》の□にあてはまるように、「また」「それとも」「ところで」を書きましょう。

1　わたしは昨日《きのう》、映画《えいが》を見に行きました。［ところで］あなたは何をしていましたか。

2　東京は日本の首都《しゅと》です。［また］、日本一人口の多い都市《とし》です。

3　朝食はごはんがよいですか。［それとも］パンがよいですか。

短《みじか》い作文　「そして」に続《つづ》くように、文を考えて書きましょう。

例　明日は図書館に行きましょう。そしていっしょに本を読みましょう。

（ますはあまってもかまいません。）

短い作文　「そのうえ」に続くように、文を考えて書きましょう。

例　急に雨がふってきた。そのうえかみなりの音が聞こえてきた。

（ますはあまってもかまいません。）

ステップ 6 接続語

論理的《ろんりてき》作文のポイント

文と文の関係を表すのが接続語です。文章《ぶんしょう》を読むとき、接続語に注意《ちゅうい》すると、すじ道を追《お》って、正しく文章を読むことができます。

文章を書くときも同じです。文と文を正しい接続語でつなぐことで、論理的な文章を書くことができるようになるのです。

35　第一部　言葉のきまりを知って、正しく文を書こう

34

今まで学習した以外の、様々な接続語の使い方を学びましょう。

二つの文の関係を表すとき、それが対等の関係ならば、「また」「および」を使います（並列）。例文では「医者」と「小説家」とは対等の関係ですね。

それに対して、前の文に重点があり、後の文はただ付け加えるだけのときは、「そして」「そのうえ」を使います（添加）。例文では「家に帰った」の方が重要で、「夕食をとった」はそれに付け加えたものです。

前の文か後の文のどちらかを選ぶ（選択）ときは、「それとも」「または」を使います。例文では、「こう茶」か「コーヒー」のどちらかを選ばなければなりません。

最後に、前の文と別の内容を述べるとき（話題の転換）は、「さて」「ところで」を使います。例文でも、話題を変えていますね。

5

1　「わたし」から「あなた」へと話題を変えているので、「ところで」。

2　「日本の首都」と、「日本一人口の多い都市」は、どちらも同じ「東京」のこと。対等の関係で並べているので、「また」。

3　「ごはん」か「パン」か、どちらか一方を選ぶので、「それとも」。

短い作文

「そして」は付け加えるときに使うので、図書館に「行く」ことに対して、何か図書館でできることが付け加えてあれば、正解です。

短い作文

「そのうえ」は、前のことがらに続いてさらに何かが起きる場合に使われる言葉なので、「雨がふってきた」に続く天気の変化が書いてあれば、正解です。

36〜37ページの答え

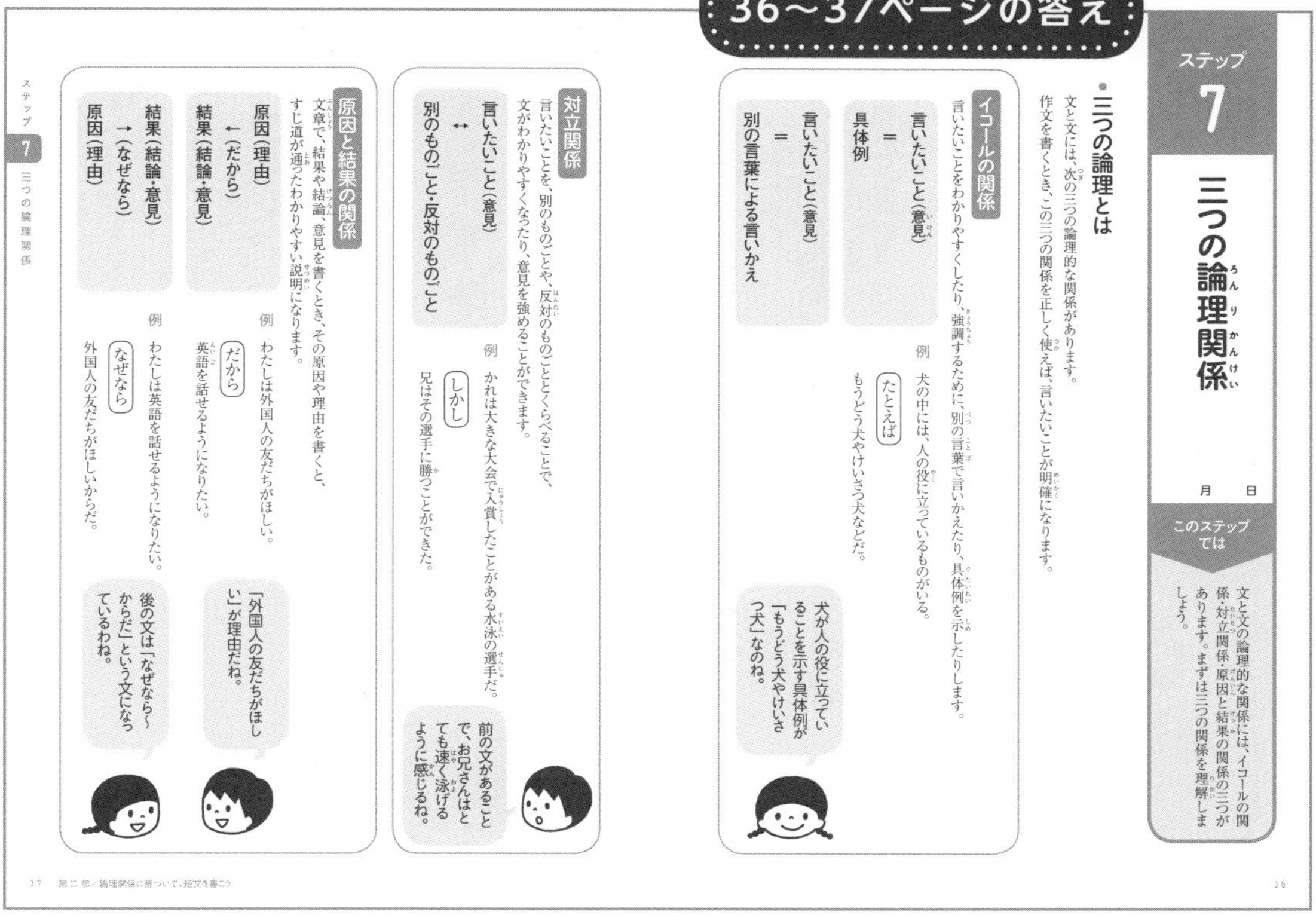
ステップ 7

三つの論理関係《ろんりかんけい》

月　日

このステップでは

文と文の論理的な関係には、イコールの関係・対立《たいりつ》関係・原因《げんいん》と結果《けっか》の関係の三つがあります。まずは三つの関係を理解《りかい》しましょう。

●三つの論理とは

文と文には、次《つぎ》の三つの論理的な関係があります。

作文を書くとき、この三つの関係を正しく使《つか》えば、言いたいことが明確《めいかく》になります。

イコールの関係

言いたいことをわかりやすくしたり、強調《きょうちょう》するために、別《べつ》の言葉《ことば》で言いかえたり、具体例《ぐたいれい》を示《しめ》したりします。

言いたいこと（意見《いけん》）
＝
具体例

言いたいこと（意見）
＝
別の言葉による言いかえ

例　犬の中には、人の役《やく》に立っているものがいる。
（たとえば）
もうどう犬やけいさつ犬などだ。

犬が人の役に立っていることを示す具体例が「もうどう犬やけいさつ犬」なのね。

対立関係

言いたいことを、別のものごとや、反対《はんたい》のものごととくらべることで、文がわかりやすくなったり、意見を強めることができます。

言いたいこと（意見）
↔
別のものごと・反対のものごと

例　かれは大きな大会で入賞《にゅうしょう》したことがある水泳《すいえい》の選手《せんしゅ》だ。
（しかし）
兄はその選手に勝《か》つことができた。

前の文があることで、お兄さんはとても速《はや》く泳《およ》げるように感《かん》じるね。

原因と結果の関係

文章《ぶんしょう》で、結果や結論《けつろん》、意見を書くとき、その原因や理由を書くと、すじ道《みち》が通《とお》ったわかりやすい説明《せつめい》になります。

原因（理由）
←（だから）
結果（結論・意見）

結果（結論・意見）
→（なぜなら）
原因（理由）

例　わたしは外国人の友だちがほしい。
（だから）
英語《えいご》を話せるようになりたい。

例　わたしは英語を話せるようになりたい。
（なぜなら）
外国人の友だちがほしいからだ。

「外国人の友だちがほしい」が理由だね。
後の文は「なぜなら〜からだ」という文になっているわね。

ステップ 7　三つの論理関係

36

37　第二部／論理関係に基づいて、短文を書こう

くわしい考え方

いよいよまとまった文章を書く練習を始めましょう。

文章を書くときに、最も大切なことは何でしょうか？

この解説書のステップ1のはじめの方で、話し言葉と書き言葉の違いを説明しましたね。話し言葉ならば、目の前に相手がいます。あなたが話したことを相手が察してくれるかもしれないし、もし、わかりにくかったなら、相手は質問をしてくれるはずです。

ところが、文章は目の前に相手がいないどころか、いったいだれに読まれるのかわかりません。だから、だれが読んでもわかりやすくなるように、筋道を立てて説明しなければならないのです。つまり、文章は論理的に書く必要があるのです。

そのために、三つの論理関係を学習していきましょう。「イコールの関係」「対立関係」「原因と結果の関係」です。

この三つの論理関係を使って文章を書くと、だれが読んでもわかりやすい文章になるのです。

38～41ページの答え

イコールの関係《かんけい》

1 次《つぎ》の〇に具体例《ぐたいれい》を入れ、前の文を説明《せつめい》しようと思います。どの具体例を書けばよいか、あてはまるものの記号《きごう》を選《えら》びましょう。

日本に住《す》んでいると当たり前だと思うことでも、それが外国でも当たり前だとはかぎりません。

たとえば、［ア］

ア　日本では新学年は四月からですが、アメリカやイギリスなどでは九月から新学年が始《はじ》まります。
イ　日本では自動車《じどうしゃ》は道路《どうろ》の左側《ひだりがわ》を走りますが、イギリスも同じです。
ウ　日本人はお米をよく食べますが、これはアジアの国で見られる習慣《しゅうかん》です。

2 「たとえば」を使《つか》って、後の文で前の文をくわしく説明するようにします。［　］にあてはまる文を考えて書きましょう。

わからないことがあったとき、すぐにだれかに聞かずに、まずは自分で調《しら》べるとよい。
たとえば、

例　**図書室や図書館に行って本をさがしたり、インターネットを使って調べたりするとよい。**

3 次の文章《ぶんしょう》を読んで、後の問題《もんだい》に答えましょう。

学校で習《なら》ったことを、ただ覚《おぼ》えるのではなく、自分の生活に役《やく》立てることが大切です。たとえば、わり算を習ったら、家のおふろにお湯《ゆ》を入れるのに、何分かかるかがわかるようになります。
まず、湯船《ゆぶね》の深《ふか》さをはかります。お湯を入れ始めたら一分間に何センチメートルたまるかをはかりましょう。湯船の深さの数を一分間にたまった深さの数でわると、お湯がいっぱいになるまでに何分かかるかがわかります。

1　本文の中から、言いたいこと（意見《いけん》）が書かれている一文を［　］で囲《かこ》みましょう。
2　言いたいことの具体例になっていることは何か、ます目にあてはまるように答えましょう。

家のおふろにお湯を入れるのに、何分かかるかが、わり算でわかる。

論理的《ろんりてき》作文のポイント

遠足に行った感想《かんそう》を聞かれて、「楽しかった」だけでは、何が楽しかったのか、わかりませんね。具体的に、何がどのように楽しかったと言えば、聞いた人にもそれが伝《つた》わります。「水族館《すいぞくかん》で見たイルカのショーがすばらしかった。とても高くジャンプすることにおどろいたし、トレーナーさんの言うことをまちがえずにできることに感心《かんしん》した。」など、できるだけくわしく、わかりやすく書くようにしましょう。

ステップ 7　三つの論理関係

39　第二部　論理関係に基づいて、短文を書こう　38

イコールの関係

自分の意見を相手に伝えるとき、よりわかりやすくしたり、説得力を持たせたりするために、具体例を挙げることがあります。

このとき、「意見」と「具体例」との間には、「イコールの関係」があります。なぜ具体例を挙げるのかというと、その意見の根拠となる例だからです。「イコールの関係」にはならない具体例を挙げたところで、読み手がなるほどと思ってくれるはずはありません。

自分の体験した話を書くこともありますが、これも具体例と同じで、「意見」と何の関係もない体験話をしても、相手は何が「意見」なのかわからず、混乱してしまうだけです。

だから、「体験」も具体例と同じで、「イコールの関係」だと言えます。

1 「たとえば」と例示の接続語があるので、その後には日本と外国とで異なる具体例をあげなければいけません。

日本では四月に新学期が始まるのが当たり前ですが、アメリカやイギリスではそれは当たり前ではありません。他の二つの選択肢は、外国と日本とで制度や風習が異なっている具体例とはいえません。

2 「たとえば」は具体例を挙げる場合の接続語ですが、同じ内容を言いかえるのではなく、よりくわしく（具体的に）説明しなければなりません。

「自分で調べるとよい」とあるので、具体的にどのように調べるのかを説明します。自分で本をさがしたり、インターネットで調べたりすると書けば、よりわかりやすくなりますね。

3

1　「意見」は抽象的、「具体例」はより具体的な表現です。冒頭の「学校で習ったことを、ただ覚えるのではなく、自分の生活に役立てることが大切です。」とある一文は、次に「たとえば」とあるので、より抽象的な文で、「意見」だとわかります。

それをくわしく説明しようとして、「たとえば」と具体例を挙げたのです。

対立《たいりつ》関係《かんけい》

❶ 次《つぎ》の文章《ぶんしょう》は対立関係を使《つか》って、「しかし」の後の文の意味《いみ》を強めるようにしたものです。□にあてはまる言葉《ことば》を書きましょう。

電話で話すと、顔が見えないので、気持《きも》ちを **伝えにくい（づらい）** 。

しかし 会って話すと、おたがいの顔が **見えるので（から・ため）** 、気持ちを伝《つた》えやすい。

❷ 対立関係を使って、後の文の意味を強めるようにします。□にあてはまる後の文を考えて書きましょう。

水泳《すいえい》などのスポーツでも、ピアノなどの楽器《がっき》でも、長い間練習《れんしゅう》を続《つづ》けていると、つらく苦しくなることがあります。

しかし

例 **練習を続けてうまくなれば、大きなよろこびを感じられます。**

❸ 次の文章を読んで、後の問題《もんだい》に答えましょう。

計算がどれだけ得意《とくい》でも、コンピューターに勝《か》つことはできません。また、どれだけ記おく力のよい人でも、コンピューターほど正確《せいかく》に情報《じょうほう》を覚《おぼ》えておくことはできないでしょう。

コンピューターは、速《はや》く正確《せいかく》に計算をくり返《かえ》すことや、大量《たいりょう》のデータをいつまでも記録《きろく》しておくことができます。

しかし、新しいことを考えたり、命令《めいれい》された以上《いじょう》のことにちょう戦《せん》したりといった、人の脳《のう》ならば、わりとかんたんにできることをするのは、コンピューターにはむずかしいのです。

1 この文章のなかで、対立関係にあるものは、何と何か答えましょう。

コンピューター　**人の脳**

2 本文の中から、言いたいこと（意見）が書かれている部分《ぶぶん》を□で囲《かこ》みましょう。

論理的《ろんりてき》作文のポイント

「ランドセルはよいものだ。」と言われても、何のことかわかりませんね。そこで、手さげかばんとくらべて、「手さげかばんだと、かた手がふさがってしまいます。しかし、ランドセルだと両手《りょうて》が自由《じゆう》になります。」と言われれば、ランドセルのよさがわかります。何かとくらべて書くときは、だれが聞いてもわかりやすいものとくらべるようにしましょう。

2 「たとえば」の後が具体例です、その後の「まず〜」からの文章は、具体例である「家のおふろにお湯を入れるのに、何分かかるかがわかる」をさらに具体的に説明したものです。

対立関係

「意見」を書くとき、自分の意見と対立するものを持ち出すと、よりわかりやすくなります。たとえば、日本について書きたいときに外国と比べたり、現在について書きたいときに過去と比べたりすることによって、より自分の意見を強めたり、わかりやすく説明したりすることができるのです。こうした「対立関係」も論理関係の一つなので、上手に使いこなすように練習していきましょう。

❶ 逆接の「しかし」に注目しましょう。自分の意見を「しかし」の後に持ってくると、より強めることができるのです。「顔が見えない」と「顔が見える」、「気持ちを伝えにくい」と「気持ちを伝えやすい」が対立関係です。

会って話すと気持ちを伝えやすいという意見を伝えるために、それと逆の、電話で話す場合を持ち出したのです。

❷ 「しかし」とあるので、前の文の反対の内容を書かなければなりません。「長い間練習を続けていると、つらく苦しくなることがあります。」を「しかし」でひっくり返しているので、それと逆の「大きなよろこびを感じられます」というような内容を書きましょう。もちろん、「しかし」の後が「意見」です。

❸ 1 「計算」や「記憶」に関しては、コンピューターと人の脳とを比べて、コンピューターの方が優れていると述べています。

2 ここでも、逆接の「しかし」に注目します。「しかし」の前は、コンピューターの方が人の脳よりも優れている点、「しかし」の後は、人の脳の方がコンピューターより優れている点を述べています。もちろん、「しかし」の後が「意見」です。単に人の脳の方がコンピューターよりも優れている点を指摘するだけよりも、コンピューターの方が人の脳より優れている点をまず指摘してから、逆接の「しかし」の後に「意見」を述べた方が、より説得力が増します。

42～43ページの答え

原因《げんいん》と結果《けっか》の関係《かんけい》

1 次《つぎ》の文章《ぶんしょう》から、原因となる一文と結果となる一文をそれぞれぬき出しましょう。

人間は森林を切りひらいて道路《どうろ》や住宅《じゅうたく》を作るようになりました。
だから、生活の場を追《お》われた動物《どうぶつ》が田や畑《はたけ》にあらわれるようになったのです。

原因　**人間は森林を切りひらいて道路や住宅を作るようになりました。**

結果　**だから、生活の場を追われた動物が田や畑にあらわれるようになったのです。**

2 次の文に続《つづ》けて、理由《りゆう》を表《あらわ》す文を考えて書きましょう。

結果　夏よりも冬のほうが学校を休む人の数が多い。

例　理由　**なぜなら、かぜやインフルエンザなどがはやりやすい季節だからだ。**

3 次の文章を読んで、後の問題《もんだい》に答えましょう。

水は、みなさんが家のおふろやトイレで使《つか》うだけでなく、農業《のうぎょう》用水や工業《こうぎょう》用水としても使われています。だから、食料《しょくりょう》や工業製品《せいひん》の生産量《せいさんりょう》がふえれば、水の使用量《しようりょう》もふえていきます。

人が使うのは川や湖《みずうみ》の水ですが、その水量《すいりょう》は一定《いってい》でふえることはありません。だから、①必要《ひつよう》になる水の量がふえたからといって、どんどん使えば、やがては不足《ふそく》してしまいます。また、使った水をきれいにする処理《しょり》が追いつかなくなり、②人が使える水がさらにへってしまうことも考えられるのです。

1　――①のようになる理由を答えましょう。

例　**川や湖の水量は一定で、ふえることはないから。**

2　――②のようになる理由を答えましょう。

例　**使った水をきれいにする処理が追いつかなくなるから。**

理由を聞かれて答えるときは、答えの最後《さいご》を「～から。」にするんだよ。

論理的《ろんりてき》作文のポイント

国語のテストで、「なぜですか？」と問われる問題は、結果に対する理由を答える問題です。文章の中のどの部分《ぶぶん》が理由で、どの部分が結果か、読み取《と》れるようになりましょう。それが、自分で文章を書くときにも役《やく》立《だ》ちます。

原因と結果の関係

物事には必ず原因や理由があるので、「意見」を書くときも、主張する内容について理由を述べなければ、説得力を持ちません。文章を書くときは必ず理由を考えて、読み手がなるほどと思ってくれるように書きましょう。

接続語の「だから」「なぜなら」で学習したように、「原因（理由）」→「だから」→「結果（意見）」という論理の流れを使います。

1 まず「原因」と「結果」を区別することから始めましょう。ここでも接続語「だから」に着目します。「だから」の前が原因（理由）、「だから」の後が結果（意見）でしたね。

人間が森林を切りひらいて道路や住宅を作ったので（理由）、生活の場を追われた動物が田や畑にあらわれるようになった（結果）のです。

2 夏よりも冬の方が学校を休む人が多い理由ならば基本的に何でも正解です。一般的には冬の方がかぜをひく人が多いので、書きやすかったと思います。大切なのは理由を書くことなので、「なぜなら～からだ。」という書き方をしたか確認します。

3 「意見」に対して、理由を述べた文章ですが、理由は一つとは限らず、時にはいくつか理由がある場合もあります。

1　傍線部①の直前に「だから」とあるので、その前にある「その水量は一定でふえることはありません」が該当箇所。「その水量」の「その」は直前の「川や湖の水」をさしています。理由を答えるので、最後は「～から（ため）（ので）」で終わること。

2　傍線部①の直後に並列の「また」があることから、次に二つ目の理由がくることがわかります。
「使った水をきれいにする処理が追いつかなくなる」（原因）→（だから）→「人が使える水がさらにへってしまう」（結果）と、「だから」が使われていなくとも、原因と結果の関係が成り立っています。

44～45ページの答え

ステップ 8

接続語《せつぞくご》から考える

月　日

このステップでは

前の文と、それに続《つづ》く接続語から、後の文の内ようを考えて書くことができます。

・接続語から先を予測《よそく》することができます。

今日はかさを持《も》って家を出ました。

なぜなら

？

「なぜなら」の後にはどんな文がくると思いますか。かさを持って家を出た原因《げんいん》(理由《りゆう》)になる文ですね。たとえば、次《つぎ》のような文です。

「天気予報《よほう》で雨がふると言っていたからです。」

1 前の文と、それに続く接続語から予測できる後の文を［　］から選《えら》んで記号《きごう》を書きましょう。

昨日《きのう》はとても寒《さむ》い日でした。

だから

イ

ア　雨がふりそうでした。
イ　あたたかいコートを着《き》て出かけました。
ウ　明日はあたたかくなりそうです。

2 前の文と、それに続く接続語に合うように、——の言葉《ことば》を使《つか》いながら後に続く文を書きましょう。

(言葉の形は変《か》えてもかまいません)

出かけるなら、歩くより自転車《じてんしゃ》に乗《の》るほうがよい。

なぜなら

時間　短《みじか》い

例　歩くよりも自転車のほうが移動の時間が短くてすむからだ。

出かけるなら、歩くより自転車に乗るほうがよい。

しかし

天気　安全《あんぜん》

例　天気がよくないときは、自転車に乗るより歩くほうが安全だ。

ステップ 8　接続語から考える

45　第二部「論理関係に基づいて、短文を書こう

44

くわしい考え方

接続語は文と文との論理的な関係を示す言葉でした。そこで、接続語に着目すると、次の展開を予測することができます。

「だから」とあれば、前に書いてあることが原因になる結果がくるとわかるし、「しかし」とあれば、予測とは異なる内容だとわかります。あるいは、「たとえば」とあれば、次に具体例がくるし、「つまり」とあれば、次にまとめや言いかえの内容がくるとわかります。

だから、接続語に注意して読むことで、自分の感覚に頼った読み方をせず、論理的に読むことができるのです。

文章を書く場合も同じです。読み手は接続語を道しるべのようにして、先を予想して文章を読みます。だから、読み手が混乱しないように、接続語は正しく使わなくてはなりません。

1「だから」とあるので、「寒い日でした」が理由となる内容を書かなければなりません。そこで、「あたたかいコートを着て出かけました」となります。それ以外は、「だから」の前の文が理由とはなりません。

2「なぜなら」の後には前の文の理由を表すので、「歩くより自転車に乗るほうがよい」理由が書けていれば正解です。与えられた二つの言葉から、例えば、自転車のほうが移動の時間が短い、ということに気づいたら、このように書くとよいでしょう。

二つ目は逆接の「しかし」があるので、「歩くより自転車に乗るほうがよい」とは反対の内容が書けていれば正解です。つまり、歩いたほうがよい場合について、この二つの言葉を使って書けていればよいのです。

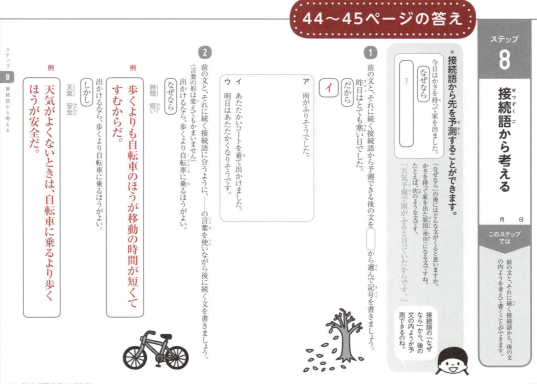

46〜49ページの答え

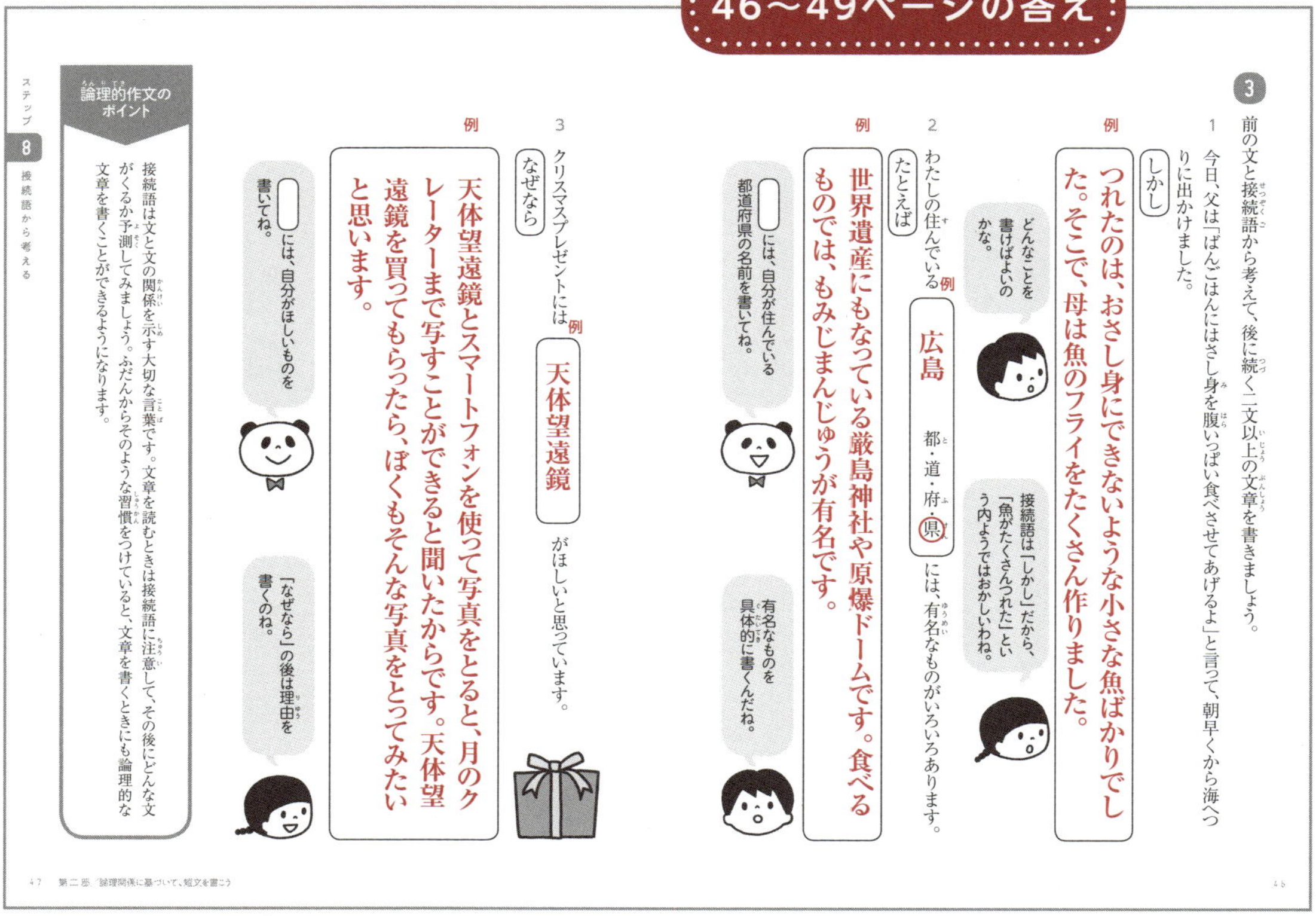
3 前の文と接続語《せつぞくご》から考えて、後に続《つづ》く二文以上《いじょう》の文章《ぶんしょう》を書きましょう。

1 今日、父は「ばんごはんにはさし身《み》を腹《はら》いっぱい食べさせてあげるよ」と言って、朝早くから海へつりに出かけました。

しかし

例 つれたのは、おさし身にできないような小さな魚ばかりでした。そこで、母は魚のフライをたくさん作りました。

どんなことを書けばよいのかな。
接続語は「しかし」だから、「魚がたくさんつれた」という内ようではおかしいわね。

2 わたしの住《す》んでいる 例 広島 都《と》・道・府《ふ》・県《けん》 には、有名《ゆうめい》なものがいろいろあります。

たとえば

例 世界遺産にもなっている厳島神社や原爆ドームです。食べるものでは、もみじまんじゅうが有名です。

□には、自分が住んでいる都道府県の名前を書いてね。
有名なものを具体的《ぐたいてき》に書くんだね。

3 クリスマスプレゼントには 例 天体望遠鏡 がほしいと思っています。

なぜなら

例 天体望遠鏡とスマートフォンを使って写真をとると、月のクレーターまで写すことができると聞いたからです。天体望遠鏡を買ってもらったら、ぼくもそんな写真をとってみたいと思います。

□には、自分がほしいものを書いてね。
「なぜなら」の後は理由《りゆう》を書くのね。

論理的《ろんりてき》作文のポイント

接続語は文と文の関係《かんけい》を示《しめ》す大切な言葉《ことば》です。文章を読むときは接続語に注意《ちゅうい》して、その後にどんな文がくるか予測《よそく》してみましょう。ふだんからそのような習慣《しゅうかん》をつけていると、文章を書くときにも論理的な文章を書くことができるようになります。

ステップ 8 接続語から考える

47 第二部 論理関係に基づいて、短文を書こう

46

3

1 逆接の接続語「しかし」から、次にくる文章を推測します。父が「ばんごはんにはさし身を腹いっぱい食べさせてあげるよ」と言って釣りに出かけたので、当然、さし身になる魚がたくさん釣れると予想しているのです。逆接の「しかし」の後は、その予想とは逆の内容でなければいけません。

2 □には自分が住んでいる都道府県の名前を入れます。「意見」は「有名なものがいろいろあります。」です。次に、例示の「たとえば」とあるので、あなたの県での「有名なもの」の具体例をいくつか挙げればいいのです。

3 □には、あなたがクリスマスプレゼントにほしいものを具体的に書きます。次に、理由を表す「なぜなら」があるので、なぜそのプレゼントがほしいのか、その理由を書きましょう。最後に「〜から」をつけることも忘れないこと。解答欄に余裕があれば、理由に対する説明をつけ加えるか、よりくわしく理由を書くようにするとよいでしょう。

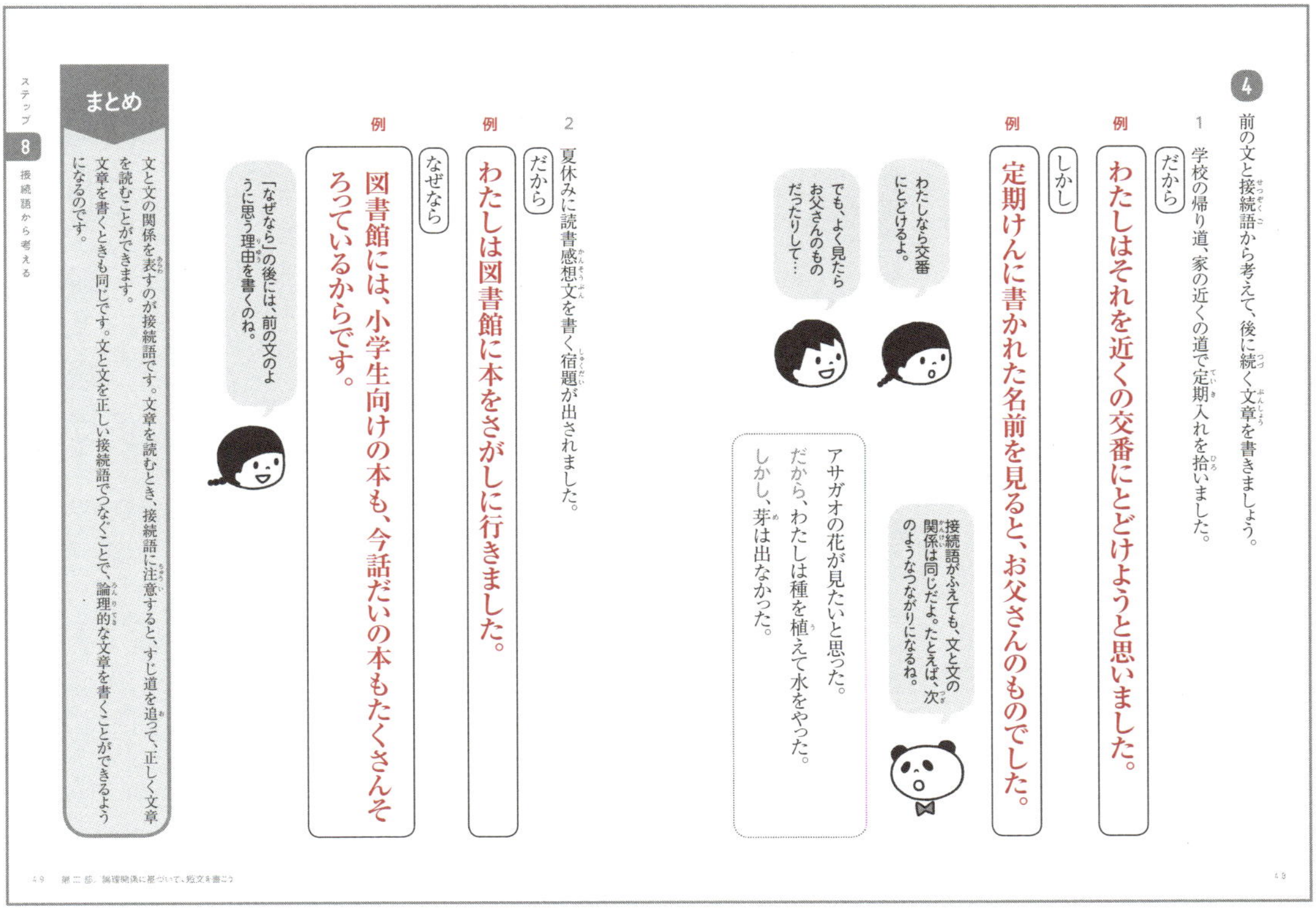

4 前の文と接続語《せつぞくご》から考えて、後に続《つづ》く文章《ぶんしょう》を書きましょう。

1 学校の帰り道、家の近くの道で定期《ていき》入れを拾《ひろ》いました。

例 だから わたしはそれを近くの交番にとどけようと思いました。

例 しかし 定期けんに書かれた名前を見ると、お父さんのものでした。

わたしなら交番にとどけるよ。
でも、よく見たらお父さんのものだったりして…
接続語がふえても、文と文の関係《かんけい》は同じだよ。たとえば、次《つぎ》のようなつながりになるね。

アサガオの花が見たいと思った。
だから、わたしは種を植《う》えて水をやった。
しかし、芽《め》は出なかった。

2 夏休みに読書感想文《かんそうぶん》を書く宿題《しゅくだい》が出されました。

例 だから わたしは図書館に本をさがしに行きました。

例 なぜなら 図書館には、小学生向けの本も、今話だいの本もたくさんそろっているからです。

「なぜなら」の後には、前の文のように思う理由《りゆう》を書くのね。

まとめ

文と文の関係を表《あらわ》すのが接続語です。文章を読むとき、接続語に注意《ちゅうい》すると、すじ道を追《お》って、正しく文章を読むことができます。
文章を書くときも同じです。文と文を正しい接続語でつなぐことで、論理的《ろんりてき》な文章を書くことができるようになるのです。

ステップ 8 接続語から考える

48

49 第二部 論理関係に基づいて、短文を書こう

4 今度は二文から三文へ、少しずつ長い文章を書いていきましょう。二つの接続語に着目して、文章を書いていきます。

1 「定期入れを拾いました」に対して、順接の「だから」とあるので、当然それを交番に届けようとしたと予想できます。

次に、逆接の「しかし」があるので、うまくいかなかった内容を書かなければなりません。「定期入れ」には名前が書いてあるので、交番に届ける必要がないとしたなら、家族のだれかのものだと予想できます。もちろん、それ以外でも、前の内容をひっくり返す内容であれば、すべて正解です。

2 「読書感想文を書く宿題が出されました」に対して、順接の「だから」があるので、そこから予想される内容を書けばいいのです。「書店に本を買いに行った」など、順接的な内容ならばすべて正解です。

次に、理由を表す「なぜなら」があるので、その理由になる文を書きます。「今、読む本を持っていなかった」「読んでみたい本があったから」などでもよいですね。

文章を書くとき、つい思いつくままに書いてしまいがちです。ところが、論理を学ぶと、ただ頭に浮かんだままに書いてはいけないということがわかります。接続語を使いこなして、最初の一文から次の展開、さらには最後の結論を頭に置いて書いていかなければなりません。

50～53ページの答え

ステップ 9

結果《けっか》に対《たい》して理由《りゆう》を考える

月　日

このステップでは

結果の文から、どうしてそのようになったのか、理由を説明《せつめい》する文を書きましょう。

「原因《げんいん》と結果の関係《かんけい》」（37ページ）の原因にあたる部分《ぶぶん》は、「なぜなら」を使《つか》って書くことができます。

例《れい》　今年はお米のできがあまりよくないそうです。結果

なぜなら

夏になっても雨の日が多く、気温《きおん》があまり高くならなかったからです。原因

1　次《つぎ》の文章《ぶんしょう》から――の部分《ぶぶん》の理由を表《あらわ》す一文を［　］で囲《かこ》みましょう。

金ぞくには、温度《おんど》が高くなると体積《たいせき》が増《ふ》え、低《ひく》くなるとちぢむという性質《せいしつ》があります。だから、鉄道《てつどう》のレールのつなぎめには、少しすき間《ま》があいています。［なぜなら、鉄《てつ》でできたレールは夏になるとのびて、このすき間がないと曲《ま》がったりゆがんだりしてしまうおそれがあるからです。］

2　次の文章から筆者《ひっしゃ》の意見《いけん》を表す一文と、理由を表す一文を選《えら》んで書き写《うつ》しましょう。

自然環境《しぜんかんきょう》のはかいが問題《もんだい》になっていますが、日本の森林の面積《めんせき》はそれほどへっていません。だからといって、日本人が自然の森林を大切にしていると言い切ることはできません。なぜなら、日本は多くの木材《もくざい》を海外から輸入《ゆにゅう》して、外国の森林の木を使っているからです。

筆者の意見

だからといって、日本人が自然の森林を大切にしていると言い切ることはできません。

理由

なぜなら、日本は多くの木材を海外から輸入して、外国の森林の木を使っているからです。

論理的《ろんりてき》作文のポイント

「結果」に対して「原因」を説明できるようになることは、作文だけでなく、理科や社会科など、すべての学《がく》習《しゅう》で役立《やくだ》ちます。「こうなったのは、どうして？」に対して「～から。」と答えるようにしましょう。

⬅くわしい考え方⬅

「原因と結果の関係」における、「結果」に対して、「原因」を書く練習をしましょう。「原因」は理由、「結果」は結論や意見もそれにあたります。

理由を考えることは、論理的な思考力を鍛えるためには最適です。国語だけでなく、理科や社会科などでも、必ず理由を理解しながら学習をしていきましょう。

1　理科的な問題です。傍線部の直前に「だから」があるので、鉄道のレールのつなぎめに少しすき間があいているのは、金属は温度が上下すると体積が増えたり減ったりするからだとわかります。

傍線部の理由は、直後の「なぜなら～から」です。夏になると、鉄のレールは暑さのために体積が増えて、伸びる先がないと曲がるおそれがあるので、少しすき間をあけているのです。

2　今度は社会科的な問題です。

逆接の接続語の後に、「筆者の意見（結果）」がくることが多かったですね。今回は「しかし」ではなく、「だからといって」がその役割を果たしています。そこで、その直後の「日本人が自然の森林を大切にしていると言い切ることはできません」が「筆者の意見（結果）」だとわかります。

「一文」という条件に注意してください。一文とは文の冒頭から句点（。）までをさします。

その「結果」に対する理由は、次に「なぜなら」とあることからわかります。「日本は多くの木材を海外から輸入して、外国の森林の木を使っているから」がその理由です。ここでもぬき出すのは一文です。

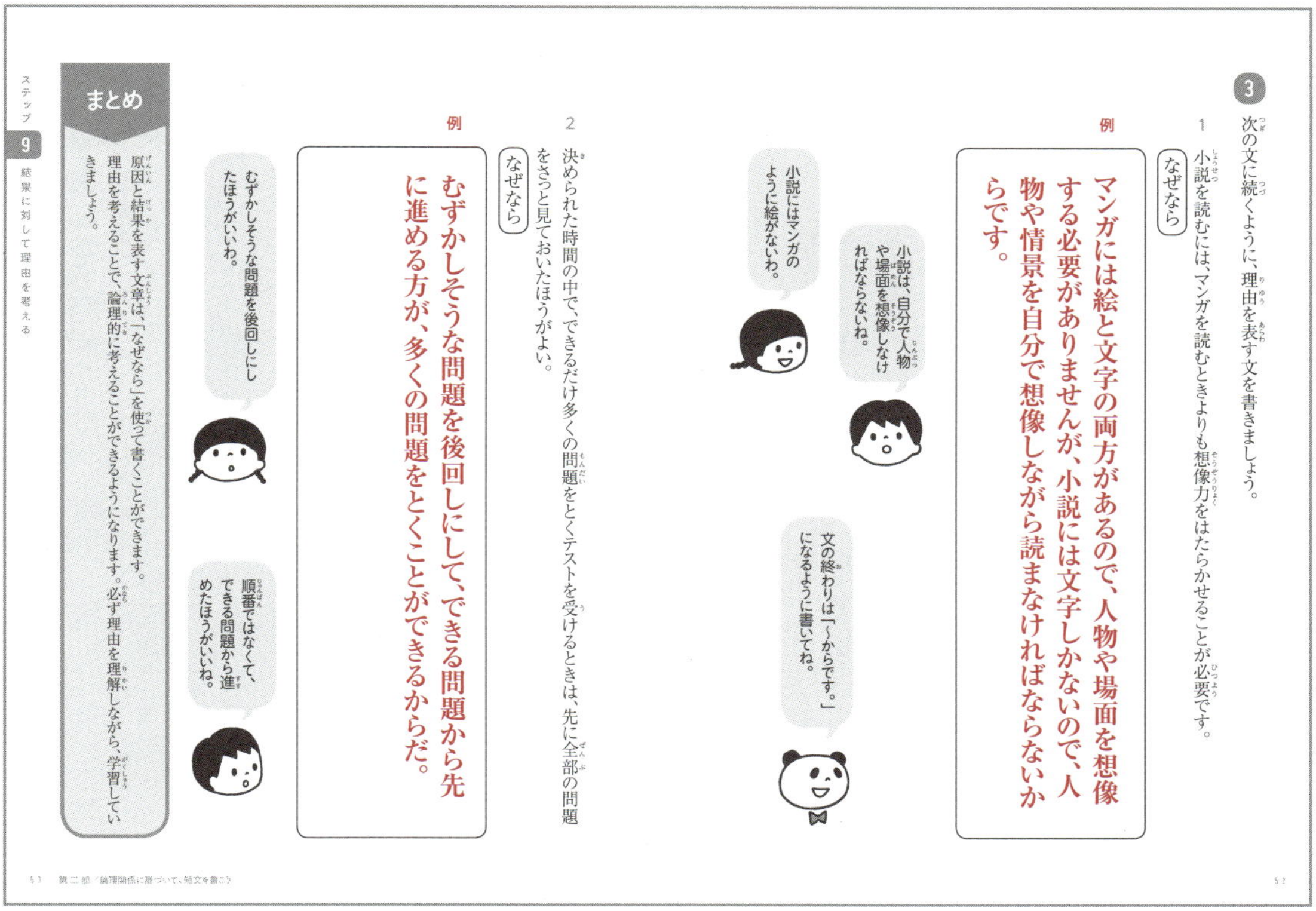

ステップ 9 結果に対して理由を考える

3 次《つぎ》の文に続《つづ》くように、理由《りゆう》を表《あらわ》す文を書きましょう。

1 小説《しょうせつ》を読むには、マンガを読むときよりも想像力《そうぞうりょく》をはたらかせることが必要《ひつよう》です。

なぜなら

例 マンガには絵と文字の両方があるので、人物や場面を想像する必要がありませんが、小説には文字しかないので、人物や情景を自分で想像しながら読まなければならないからです。

文の終《お》わりは「～からです。」になるように書いてね。
小説は、自分で人物《じんぶつ》や場面《ばめん》を想像《そうぞう》しなければならないね。
小説にはマンガのように絵がないわ。

2 決《き》められた時間の中で、できるだけ多くの問題《もんだい》をとくテストを受《う》けるときは、先に全部《ぜんぶ》の問題をさっと見ておいたほうがよい。

なぜなら

例 むずかしそうな問題を後回しにして、できる問題から先に進める方が、多くの問題をとくことができるからだ。

順番《じゅんばん》ではなくて、できる問題から進《すす》めたほうがいいね。
むずかしそうな問題を後回しにしたほうがいいわ。

まとめ

原因《げんいん》と結果《けっか》を表す文章《ぶんしょう》は、「なぜなら」を使《つか》って書くことができます。理由を考えることで、論理的《ろんりてき》に考えることができるようになります。必《かなら》ず理由を理解《りかい》しながら、学習《がくしゅう》していきましょう。

53 第二部 論理関係に基づいて、短文を書こう　52

3 ここからは自由度の高い問題です。少しずつ自分で考えたことを文章にする練習をしていきましょう。

1

「なぜなら」とあるので、理由を書けばいいのですが、そのためには「小説を読むには、マンガを読むときよりも想像力をはたらかせることが必要です」という文をしっかりと読み込まなければなりません。

まず「マンガ」と「小説」との違いを考えましょう。「マンガ」は絵と文字の両方で表現しているのですが、「小説」は文字しかありません。

では、想像力とは何かというと、思いうかべる力と言っていいでしょう。マンガよりも小説の方が想像力を必要とする理由ですが、小説には絵がないので、登場人物はどんな容姿なのか、その場面の情景はどのようなものかなど、自分で思いうかべなければならない分、想像力を働かせて読むことが必要なのです。

2

ここでも「なぜなら」があるので、理由を考えなければいけません。テストで、なぜ先に全部の問題をさっと見ておいたほうがよいか、その理由が書けていれば正解です。例えば、このように考えることができます。

もし、全体を見わたさずに、はじめから順番に解いていったなら、どうなるでしょうか?

途中で難しい問題に出合って、そこで時間をかけすぎた結果、後の方の問題を解く時間がなくなってしまうかもしれません。もしかすると、終わりの方に簡単な問題が続くかもしれません。だから、最初にさっと全部を見て、簡単な問題から確実に解いていった方が多く解けて、うまくいく可能性が高いと考えられます。

54～57ページの答え

ステップ 10

理由《りゆう》から結果《けっか》を考える

月　日

このステップでは

今度《こんど》は、理由の文から、どのような結果になるかを考えて、文を書きましょう。

「原因《げんいん》と結果の関係《かんけい》」（37ページ）の結果にあたる部分《ぶぶん》は、「だから」を使《つか》って書くことができます。

例《れい》　今年は夏になっても雨の日が多く、気温《きおん》があまり高くならなかった。原因

だから

お米のできがあまりよくない。結果

1 次《つぎ》の文章《ぶんしょう》から結果を表《あらわ》す一文を選《えら》んで［　］で囲《かこ》みましょう。

あたたまった空気は、周《まわ》りの空気より軽《かる》くなって上にあがる性質《せいしつ》があります。［だから、部屋《へや》全体《ぜんたい》をあたためるために、だんぼうの風は下を向《む》いて出ています。］もしも上向きに風が出ると、部屋の天じょうのあたりだけがあたたまることになります。

2 次の文章から結果を表す一文と、理由を表す一文を選んで書き写《うつ》しましょう。

リニアモーターカーは、じ石のSきょくとNきょくが引っぱり合い、SきょくどうしNきょくどうしが反発《はんぱつ》する力を利用《りよう》して、地面《じめん》からうき上がって進《すす》みます。だから、車輪《しゃりん》と線路《せんろ》がこすれるまさつなどがなく、とても速《はや》く走ることができるのです。

結果

だから、車輪と線路がこすれるまさつなどがなく、とても速く走ることができるのです。

理由

リニアモーターカーは、じ石のSきょくとNきょくが引っぱり合い、Sきょくどうし、Nきょくどうしが反発する力を利用して、地面からうき上がって進みます。

論理的《ろんりてき》作文のポイント

これもステップ9同様《どうよう》、ものごとを説明《せつめい》するときに必要《ひつよう》となる書き方です。「何がある（あった）から、このようになった」という文章になれるようにしましょう。

ステップ 10　理由から結果を考える

55　第二部／論理関係に基づいて、短文を書こう　54

くわしい考え方

今度は原因と結果の関係を表す、順接の「だから」を使って、論理的な文章を書く練習をしましょう。

Ａ　一生懸命勉強した。

だから、

Ｂ　成績があがった。

この場合、Ａを原因として、Ｂの結果になったということで、このＡとＢとの関係を「原因と結果の関係」と言います。

「だから」を使うと、その前の文の内容を原因に、次にその結果を書くことができます。

1 最初に登場する原因と結果の関係を理解しましょう。もちろん、「だから」に注目します。温まった空気が上にあがるから、暖房の風は下に向いているのです。もしも、暖房の風が上向きだと、温かい風が上にあがるうえに、風がさらに上に向かって吹くので、天井あたりだけが暖かくなってしまうのです。

そこで、「結果」は、「だから、部屋全体をあたためるために、だんぼうの風は下を向いて出ています」となるはずです。

2 ここでも「だから」に注目します。「だから」の前が原因で、後が結果でしたね。そこで、「結果」は「だから」の後の「車輪と線路がこすれるまさつなどがなく、とても速く走ることができるのです」で、その理由が「だから」の直前の「リニアモーターカーは、じ石のSきょくとNきょくが引っぱり合い、Sきょくどうし、Nきょくどうしが反発する力を利用して、地面からうき上がって進みます」となります。

3

次《つぎ》の文に続《つづ》くように、「だから」の後に続く二文以上《いじょう》の文章《ぶんしょう》を書きましょう。

1 電車の優先席《ゆうせんせき》は、お年よりや体の不自由《ふじゆう》な人、ケガをしている人などのためにありますが、そういう人たちに席をゆずるのは優先席にかぎったことではないと教わりました。

だから

例

これからは優先席ではない席でも、そのような人を見かけたら、席をゆずるようにしようと思います。どんな場面でも、お年よりや体の不自由な人などに親切にするのは当然のことだと気がついたからです。

「かぎったことではない」ってどういうことかな。
「優先席でなくてもゆずる」ということよ。

2 何かを調《しら》べるとき、インターネットはとても便利《べんり》なものです。しかし、インターネットに公開《こうかい》されている情報《じょうほう》は、すべてが正しいとはかぎりません。

だから

例

何かを調べるときは、インターネットだけでなく、本や図かん、新聞なども使うようにしたいと思います。いろいろなもので調べる方が、勉強にもなるし、たくさんの知しきも身につくと思います。

「正しいとはかぎりません」とあるわね。
本や図かんでも調べてみようかな。

まとめ

「原因《げんいん》→だから→結果《けっか》」と「結果→なぜなら→原因」の関係《かんけい》を理解《りかい》し、使《つか》い分けられるようになりましょう。書くときも、話すときも、この二つの関係を使えるようになることがとても大切です。

ステップ10 理由から結果を考える

57 第二部 論理関係に基づいて、短文を書こう

56

3 次に二文以上の文章を書く練習をしましょう。さらに自由度が高まり、作文に近づいていきます。二文以上なので、三文でもかまいません。長い文章になるほど、くわしく書く必要が出てきます。

1 最初の文は、お年寄りや体の不自由な人、ケガをしている人たちに席をゆずるのは、優先席に限ったことではないという意味です。次に「だから」とあるので、そのような人がいたなら、優先席以外でも席をゆずるべきだという内容になります。

二つ目の文は、さらにそれをくわしく書くか、あるいは理由を書くとよいでしょう。「お年寄りや体の不自由な人などに親切にするのは当然のことだと気がついたからです。」「お年寄りや体の不自由な人が電車の中で立っているのが、いかにつらいことかと考えたからです。」といった内容なら正解です。

2 インターネットの情報がすべて正しいとは限らない、といった文の次に「だから」があるので、そこから予想される内容を書かなければなりません。インターネットの情報が正しいとは限らないのなら、その情報が正しいかどうか自分で調べてみるとか、インターネット以外の情報、たとえば本や新聞なども利用するといった内容になります。

もう一文は前の文に関係したものでなければなりません。たとえば、調べることは勉強になるとか、いろいろな知識が身につくといった内容の文を書きます。

58〜59ページの答え

● 結果《けっか》から先を予想《よそう》したり、理由《りゆう》を説明《せつめい》したりしましょう。
次《つぎ》の例文《れいぶん》を読んで、後の問題《もんだい》の[　]に当てはまる続《つづ》きの文を書きましょう。


例　1平方メートルのかべをぬるのに、ペンキが2デシリットル必要《ひつよう》だ。

（だから）4平方メートルのかべなら、8デシリットルのペンキが必要になるだろう。

（なぜなら）かべの広さが4倍《ばい》になれば、ペンキも4倍必要だと考えられるからだ。

はじめの文
（だから）
はじめの文が原因となる文
（なぜなら）
理由
だね。

4 三まいのマフラーをあむには、十二日間かかるだろう。
（なぜなら）一まいの[マフラーをあむのに四日間かかるからだ。]
（だから）五まいのマフラーをあむなら[二十日間はかかると考えられる。]（だろう。）

5 次のようなそうちを使《つか》って、電気を通すものを調《しら》べる実験《じっけん》をしました。

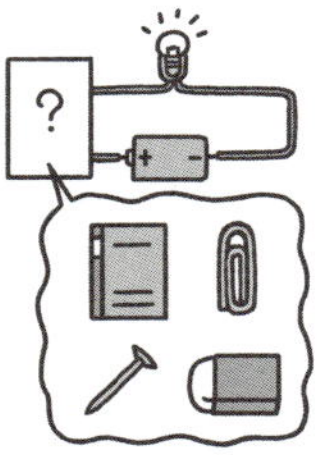

その結果、次のことがわかりました。

実験の結果、クリップとくぎは電気を通しました。ノートと消しゴムは電気を通しませんでした。

つまり、金ぞくは電気を通すと考えられます。


この後、次の三つのものについて、同じ実験をします。予想される結果を考えて（①）〜（③）にあてはまる内ようを書きましょう。

グラス
一円玉
木のはし

わたしは、電気を通すのは（①）だと予想します。

なぜなら、実験の結果、（②）。

だから、（③）だと考えます。

① 一円玉
② 金ぞくは電気を通すと考えられるからです
③ 電気を通すのは、金ぞくでできた一円玉

ステップ10　理由から結果を考える

58

59　第二部「論理関係に基づいて」短文を書こう

4 今度は算数的な問題です。算数の問題も、論理的に考えれば、解決できるのです。
接続語に注目して、次の文を予想しましょう。
・「なぜなら」とあるので、三枚のマフラーを編むのに、十二日間かかる理由を書きます。空所の直前に「一まいの」とあるので、三枚で十二日間ならば、一枚のマフラーを編むのには12÷3＝4で、四日間かかるとわかります。
・次に「だから」とあり、空所直前に「五まいのマフラーをあむなら」とあるので、そこから予想できる内容の文を書かなければなりません。一枚のマフラーを編むのに四日間かかるので、五枚編むなら、四日間×五枚＝二十日間かかるとわかります。

5 今度は理科的な問題です。「なぜなら」「だから」という接続語に注意しましょう。
選択肢はグラスと一円玉と木のはしですね。実験の結果、金属は電気を通すけれど、それ以外は電気を通さないことがわかっています。

選択肢の中で金属にあたるものは、一円玉だけです。そこで、電気を通すのは、①「一円玉」だと推測できます。

「なぜなら」とあるので、その理由②「金ぞくは電気を通すと考えられるからです」を書きましょう。

次に「だから」とあるので、「結論」として、③「電気を通すのは、金ぞくでできた一円玉」だと考えます、と書きましょう。

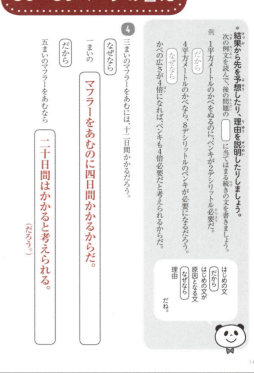

60〜61ページの答え
ステップ 11
いろいろなじょうけんで短文《たんぶん》を書く
月　日
このステップでは
これまでに練習《れんしゅう》したことを使《つか》って、短《みじか》い文章《ぶんしょう》を書いてみましょう。
1 接続語《せつぞくご》の「たとえば」を使って、意見《いけん》をわかりやすく説明《せつめい》する文章を書いてみます。まずは、次《つぎ》の作文を読んでください。
わたしは、健康に気をつけることは、とても大切だと思います。

たとえば、こんなことがありました。わたしのお姉さんは英語の検定を受けるため、一生けんめい勉強していました。しかし、検定の日に、熱を出してテストを受けることができませんでした。

だから、健康に気をつけることは勉強をするのと同じくらい大切だと思いました。

自分の言いたいこと（意見）だね。

自分が経験《けいけん》したこと（具体例《ぐたいれい》）だね。意見と具体例は「イコールの関係《かんけい》」（36ページ）になるように書くよ。

「だから」の後に、もう一度《いちど》言いたいこと（意見）を書くと、読む人に伝《つた》わりやすくなるね。

では、じっさいに短い作文を書いてみましょう。何を書いてもかまいませんが、思いつかない場合は、次のテーマで書いてください。

テーマ：自分がやっていること、してみたいこと（運動《うんどう》、勉強《べんきょう》、しゅ味など）について
例
わたしは運動の中でも、一人でできるものが好きです。

たとえば、マラソンや短きょり走など、一人で走るものや、水泳など、自分だけで練習できて、タイムが速くなったことを実感できるものにきょうみがあります。

だから、クラブに入るとしたら陸上部か水泳部に入りたいと思います。

（ますはあまってもかまいません。）

書く手順
まず、自分の言いたいこと（意見）を書こう。

「たとえば」の後に自分の経験したことや、知っていることを書こう。意見と具体例が「イコールの関係」になるように書くんだよ。

最後《さいご》に、「だから」の後にもう一度、言いたいこと（意見）を書こう。

論理的《ろんりてき》作文のポイント
意見を言うとき、自分の体験《たいけん》や、だれもがなっとくできる資料《しりょう》を使って書く方法《ほうほう》があります。「わたしはしょう来、医者《いしゃ》になりたい」と言うとき、「病気《びょうき》を治《なお》してもらってうれしかったので、自分もそのようになりたい」と言うと、意見が伝わりやすくなります。

ステップ 11 いろいろなじょうけんで短文を書く
61 第二部／論理関係に基づいて、短文を書こう
60

くわしい考え方

いよいよ自分の意見を作文に書きます。最初は短い作文から始めます。自分の意見を書けばいいのですから、自由に書いてもかまいません。ただし、それが論理的であるために、いろいろな条件の下で書く練習をしていきます。

1 まず例文を読んで、論理的な文章の書き方を頭に入れてください。

最初に自分の「意見」を書きます。すると、それが結論となり、最後「だから」の後に、もう一度この自分の意見を書けばいいことになります。後は中身を書けばいいだけです。

例文ならば、健康に気をつけることは大切だという意見ですね。そこで、最後にその意見をもう一度まとめます。

では、なぜ「意見」だけでは作文にならないのかというと、読み手がだれかわからないので、自分の意見をしっかりと説明する必要があるからです。そのために、読み手がなるほどと思うような具体例や自分の体験を紹介します。「イコールの関係」を利用するのですね。

「自分の意見」＝「具体例・体験」＝だから、「自分の意見（結論）」といったパターンで、これが論理的な作文の最も基本的なものです。

では、このパターンの作文を書く練習をしましょう。

まず自分の意見をはっきりさせます。それが決まると、最初の文と、最後の文が決まります。たとえば、「将来、野球選手になりたい」と思ったとしましょう。あなたはそのように思ったのかもしれませんが、読み手はあなたの気持ちを知らないのです。だから、どのような野球選手になりたいのか（具体例）、どうして野球選手になりたいのか（理由）などを、しっかりと書かないと相手はわかってくれません。

そして、最後は結論なので、「だから」の後にしっかりと自分の結論を書きます。

62〜65ページの答え

2 接続語《せつぞくご》の「だから」を使《つか》って、意見《いけん》をわかりやすく説明《せつめい》する文章《ぶんしょう》を書いてみます。まずは、次《つぎ》の作文を読んでください。

わたしは、わすれ物をする人に、わすれ物をしない人が声をかけるとよいと思います。
これは、クラスの人が一か月にわすれ物をした回数をまとめた表です。
〇回の人が十九人なので、クラスの半分はわすれ物をしません。しかし三回以上わすれ物をした人も十一人います。
だから、わすれ物をしない人は、わすれ物をする人に、明日の持ち物をノートに書くように声をかけるとよいと思います。

自分の言いたいこと（意見）だね。
自分の意見をわかりやすく伝《つた》えるために、資料《しりょう》を使って説明しているね。
「だから」の後に、もう一度《いちど》言いたいことを書くと、読む人に伝わりやすくなるよ。

わすれ物《もの》をした回数調《しら》べ

わすれ物をした回数	人数（人）
4回以上《いじょう》	6
3回	5
2回	2
1回	6
0回	19

この表《ひょう》は、あるクラスで一か月にわすれ物をした回数を調べてまとめたものです。

左の表は、あるクラスで一か月に読んだ本の数を調べたものです。これを見て考えた自分の意見を、短《みじか》い作文に書いてみましょう。

例

わたしは、昼休みなどに、もっと図書室に行く時間をふやすとよいと思います。
これは、クラスの人が一か月に読んだ本の数を表にしたものです。
四さつ以上読む人が十五人いますが、一さつも読まない人が十二人もいて、読む人と読まない人がはっきり分かれています。
だから、図書室に行く回数をふやして、本を読まない人が、もっと読むようになればよいと思います。

（ますはあまってもかまいません。）

書く手順
まず、自分の言いたいこと（意見）を書こう。
次に資料を見て、わかることを書こう。わかりやすく意見を説明するように書こう。
最後《さいご》に、「だから」の後にもう一度、言いたいこと（意見）を書こう。

1か月で読んだ本の数調べ

読んだ本の数	人数（人）
4さつ以上	15
3さつ	4
2さつ	5
1さつ	2
0さつ	12

この表を見て書いてね。

ステップ 11 いろいろなじょうけんで短文を書く

62　63　第二部／論理関係に基づいて、短文を書こう

2 次も例文を論理的に読んでみましょう。条件は「だから」を使うのですから、自分の意見に対して、具体例を考えましょう。「意見」と「具体例」とは「イコールの関係」でなければなりません。

例文では、最初に自分の意見を書いています。「わすれ物をする人に、わすれ物をしない人が声をかけるとよい」が、「意見」ですね。次に、具体例を考えるのですが、例文では資料（データ）を挙げています。クラスで一か月にわすれ物をしなかった人が十九人、三回以上わすれ物をした人が十一人。こうした資料をもとに、最後に「だから」を使って、「結論」を述べます。「原因と結果の関係」ですね。

「わすれ物をしない人は、わすれ物をする人に、明日の持ち物をノートに書くように声をかけるとよい」が結論ですが、「意見」→「だから」→「結論」と、論理的な文章の書き方になっています。

⇦「自分の意見」→「具体例（資料から読み取れること）」→「だから」→「結論」という論理的な書き方を学びましょう。

まずは資料を見ましょう。一か月に四さつ以上本を読む人が十五人いるのに対して、一冊も読まなかった人は十二人。つまり、本を読む人と読まない人がはっきり分かれていることが読み取れます。そこから「自分の意見」を考えましょう。

「図書室などに行き、もっと本を読む時間をふやそう」「読書の習慣をつけよう」などの意見が考えられますね。

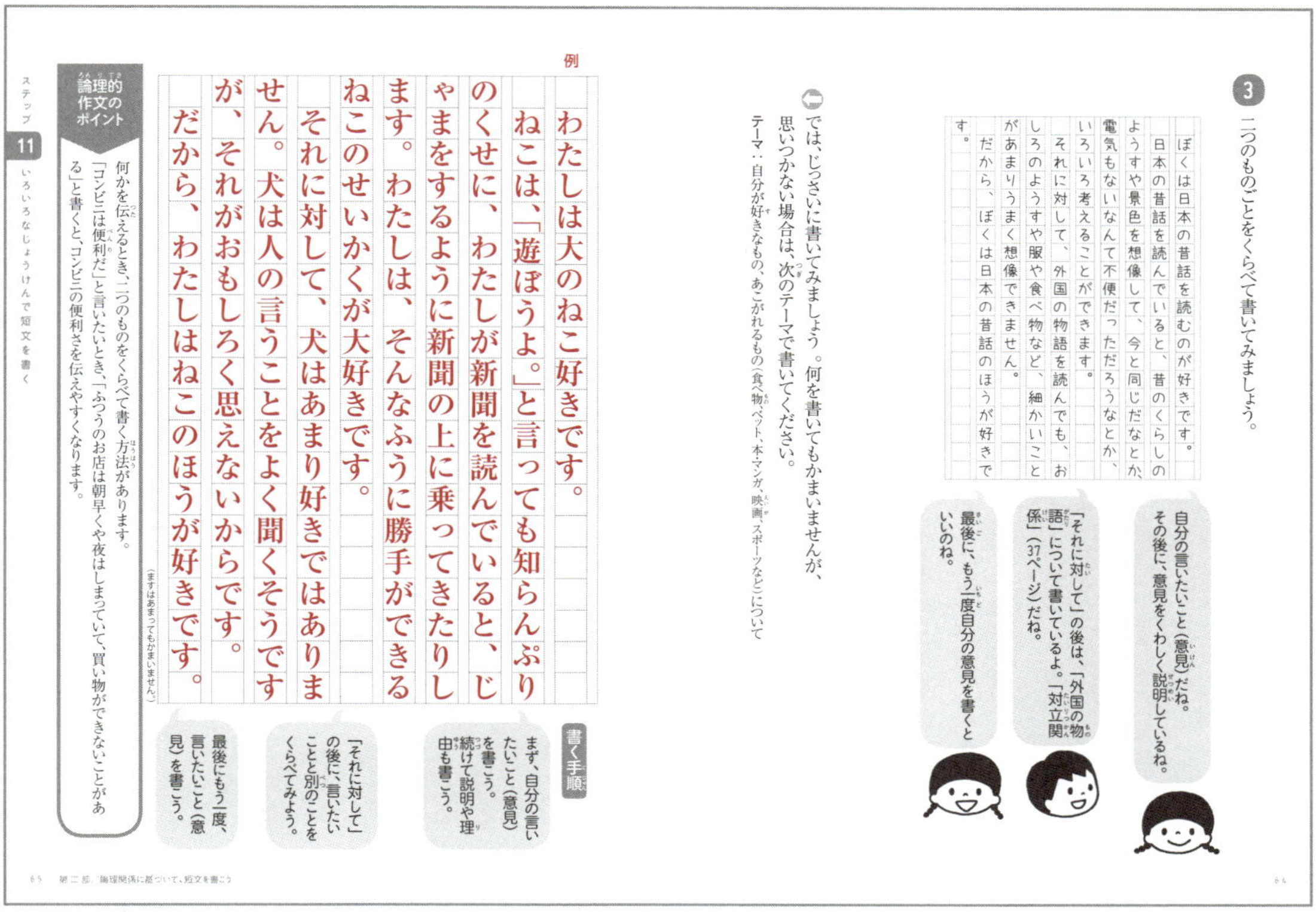

3 二つのものごとをくらべて書いてみましょう。

ぼくは日本の昔話を読むのが好きです。
日本の昔話を読んでいると、昔のくらしのようすや景色を想像して、今と同じだなとか、電気もないなんて不便だっただろうなとか、いろいろ考えることができます。
それに対して、外国の物語を読んでも、おしろのようすや服や食べ物など、細かいことがあまりうまく想像できません。
だから、ぼくは日本の昔話のほうが好きです。

では、じっさいに書いてみましょう。何を書いてもかまいませんが、思いつかない場合は、次《つぎ》のテーマで書いてください。
テーマ：自分が好《す》きなもの、あこがれるもの（食べ物《もの》、ペット、本・マンガ、映画《えいが》、スポーツなど）について

例

わたしは大のねこ好きです。
ねこは、「遊ぼうよ。」と言っても知らんぷりのくせに、わたしが新聞を読んでいると、じゃまをするように新聞の上に乗ってきたりします。わたしは、そんなふうに勝手ができるねこのせいかくが大好きです。
それに対して、犬はあまり好きではありません。犬は人の言うことをよく聞くそうですが、それがおもしろく思えないからです。
だから、わたしはねこのほうが好きです。

（ますはあまってもかまいません。）

書く手順《じゅん》

まず、自分の言いたいこと（意見）を書こう。続《つづ》けて説明や理《り》由《ゆう》も書こう。

「それに対して」の後に、言いたいことと別《べつ》のことをくらべてみよう。

最後にもう一度、言いたいこと（意見）を書こう。

論理的《ろんりてき》作文のポイント

何かを伝《つた》えるとき、二つのものをくらべて書く方法《ほうほう》があります。「コンビニは便利《べんり》だ」と言いたいとき、「ふつうのお店は朝早くや夜はしまっていて、買い物ができないことがある」と書くと、コンビニの便利さを伝えやすくなります。

ステップ 11 いろいろなじょうけんで短文を書く

64　65　第二部　論理関係に基づいて、短文を書こう

3 次は「対立関係」を使って書く作文の練習です。

今回は、「二つのものごとをくらべて」という条件があります。「比べる」は、「対立関係」の中でも最も大切な「対比」です。

まずは自分の意見を決めましょう。例文では、「日本の昔話を読むのが好きです」が、「意見」。

今度は、「対立関係」を考えます。「日本の昔話」の「対立関係」になるのは、「外国の物語」ですね。次に、それぞれについて具体的な説明を加えます。

最後は、「だから」の後に、「結論」ですね。「結論」は、「日本の昔話のほうが好きです」で、冒頭の「意見」と「イコールの関係」でつながっています。

「意見」日本の昔話を読むのが好きです。
〈具体的説明〉
↕（対比）
「対立」外国の物語を読むのは好きでない。
〈具体的説明〉
←だから
「結論」

という文章の構造になっています。

⇦ 実際に作文を書くときは、まず自分の好きなもの、あこがれるものを決めましょう。そして、それが好きな理由をくわしく説明しましょう。

次に、対立するものを考えます。なぜ、それが好きではないのか、その理由をくわしく説明しましょう。好きではないものと比べることで、あなたがどうしてそれが好きなのかがわかりやすくなります。

最後は、「だから」の後に結論をまとめましょう。

66〜67ページの答え

4 接続語《せつぞくご》の「しかし」を使《つか》って書きましょう。

スマートフォンはとても便利な物で、今では小学生でも四人に一人以上が持っているそうです。たしかに、家族に連らくをするだけでなく、ゲームをしたり、動画を見たりと、いろいろなことができます。
しかし、使いすぎが原いんで頭痛などを起こしたり、知らないうちにはんざいに巻きこまれたりすることがあるそうです。
だから、スマートフォンを使うときは、家の人に相談しなければいけないと思います。

スマートフォンの便利《べんり》な点について書いているね。
「しかし」の後が、大《だい》事なことだね。
「だから」の後に、自分の言いたいこと（意見《いけん》）が書いてあるね。

では、じっさいに短《みじか》い作文を書いてみましょう。テーマは出しませんが、次《つぎ》のように考えると書きやすくなります。
・自分がしてみたい（ほしい）けど、がまんしていること。
・自分がやってみたけど、後かいしたり、よくない、おもしろくないと思ったこと。
・だれかがしているけれど、自分はそれをしたくない、よくないと思ったこと。

例

夏休みや連休になると、祖父母の家に遊びに行きます。祖父母の家は山が近く、周りは田んぼと畑ばかりです。ぼくは川でつりを習ったり、畑で野菜をとるのを手伝ったりします。一日があっという間に過ぎてしまいます。
しかし、家に帰ってくるとほっとします。コンビニが近くにあって、水泳教室に自転車で行ける町のほうが安心するからです。
だから、いなかの家はたまに行くから楽しいのだと思います。

（ますはあまってもかまいません。）

書く手順
- 自分の意見とくらべることを先に書こう。
- 「しかし」のあとに、大事なことを書こう。
- 最後《さいご》に言いたいこと（意見）を書こう。

ステップ 11 いろいろなじょうけんで短文を書く

論理的《ろんりてき》作文のポイント

何かを伝《つた》えるとき、自分の意見とはちがうことを先に書く方法《ほうほう》があります。
「ちがう意見→（しかし）自分の意見」の順《じゅん》に書くと、自分の意見がはっきり伝わります。

67　第二部／論理関係に基づいて、短文を書こう　　66

4 今度は逆接の「しかし」を使って書く練習です。

「対立関係」には主に二つのパターンがありました。一つは、「対比」です。反対のものと比べることで、「自分の意見」がよりわかりやすくなります。

もう一つは、「逆接」を使う方法です。「自分と反対の意見」を述べた後、逆接の「しかし」でそれをひっくり返します。「反対の意見」を否定することで、「自分の意見」がより強くなりますね。もちろん、「しかし」の後が「自分の意見」です。

右の例文の「話題」はスマートフォンです。「自分の意見」は、スマートフォンに対して否定的です。このように対比でも逆接でも、まず「自分の意見」を明確にしておきます。

まずはじめに「自分と反対の意見」を考えます。ここでは、「スマートフォンはとても便利な物で、今では小学生でも四人に一人以上が持っているそうです」ですね。次に、その具体的説明を加えます。

その後、逆接の「しかし」を持ってきて、それをひっくり返します。「頭痛などを起こしたり、はんざいに巻きこまれたりすることがある」とあるのは、スマートフォンを否定する具体例です。もちろん「しかし」の後が「自分の意見」です。

最後は、やはり「だから」の後に「結論」を書きましょう。

今度は自分で「しかし」を使った文章を書いてみましょう。

たとえば、「自分がしてみたいけど、がまんしていること」を書くとしたなら、最初に「自分がしてみたいこと」を書きます。次に「しかし」の後に、「がまんしていること」と、その理由（自分の意見）を書けばいいのです。

最後は、「だから」の後に「結論」を書きましょう。

68～69ページの答え

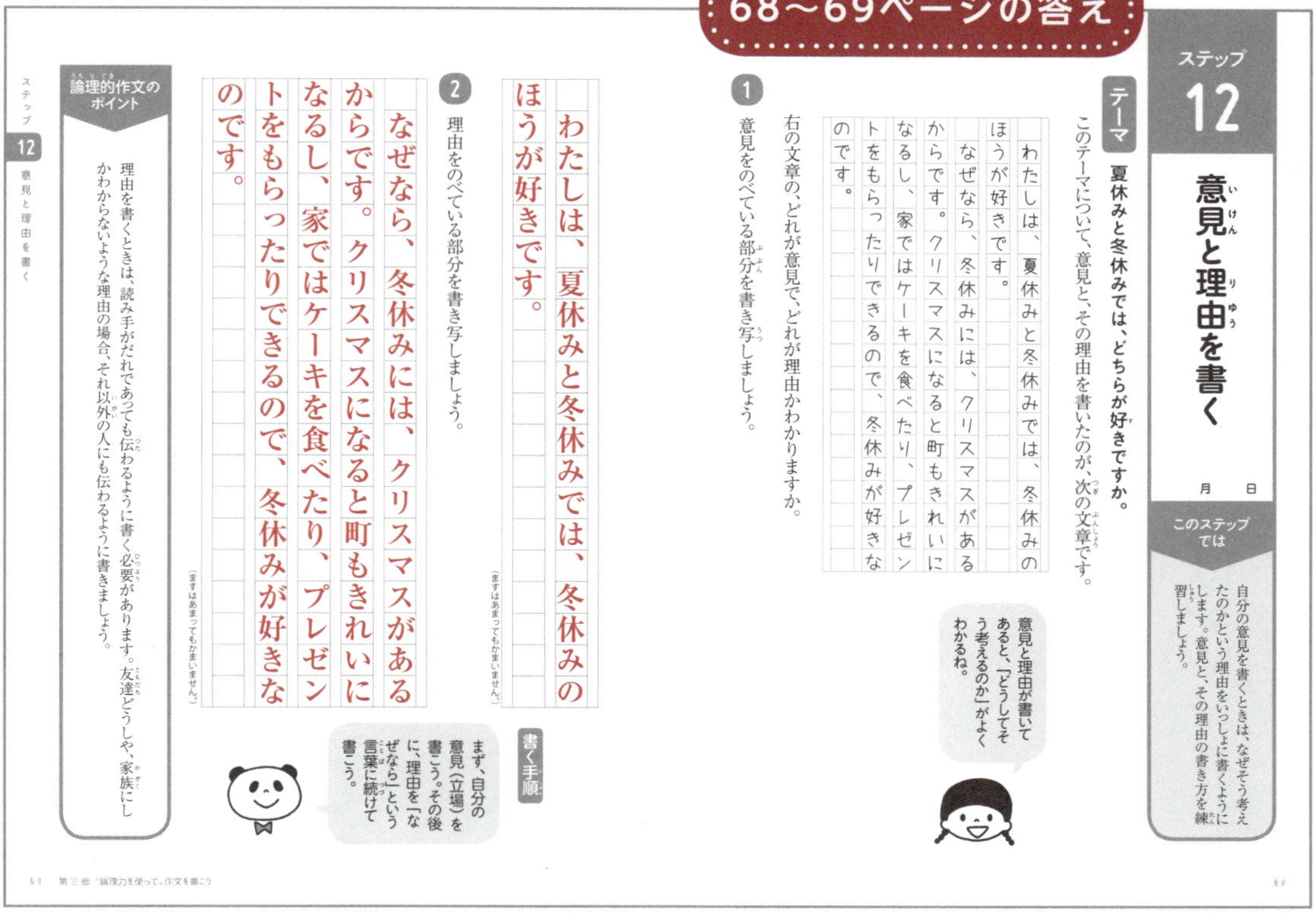

ステップ 12

意見《いけん》と理由《りゆう》を書く

月　日

このステップでは

自分の意見を書くときは、なぜそう考えたのかという理由をいっしょに書くようにします。意見と、その理由の書き方を練《れん》習《しゅう》しましょう。

テーマ　夏休みと冬休みでは、どちらが好きですか。

このテーマについて、意見と、その理由を書いたのが、次《つぎ》の文章《ぶんしょう》です。

わたしは、夏休みと冬休みでは、冬休みのほうが好きです。
なぜなら、冬休みには、クリスマスがあるからです。クリスマスになると町もきれいになるし、家ではケーキを食べたり、プレゼントをもらったりできるので、冬休みが好きなのです。

意見と理由が書いてあると、「どうしてそう考えるのか」がよくわかるね。

右の文章の、どれが意見で、どれが理由かわかりますか。

1 意見をのべている部分《ぶぶん》を書き写《うつ》しましょう。

わたしは、夏休みと冬休みでは、冬休みのほうが好きです。

（ますはあまってもかまいません。）

2 理由をのべている部分を書き写しましょう。

なぜなら、冬休みには、クリスマスがあるからです。クリスマスになると町もきれいになるし、家ではケーキを食べたり、プレゼントをもらったりできるので、冬休みが好きなのです。

（ますはあまってもかまいません。）

書く手順

まず、自分の意見（立場）を書こう。その後に、理由を「なぜなら」という言葉《ことば》に続《つづ》けて書こう。

論理的《ろんりてき》作文のポイント

理由を書くときは、読み手がだれであっても伝《つた》わるように書く必要《ひつよう》があります。友達《ともだち》どうしや、家族《かぞく》にしかわからないような理由の場合、それ以外《いがい》の人にも伝わるように書きましょう。

ステップ 12 意見と理由を書く

68

69 第三部 「論理力を使って、作文を書こう

くわしい考え方

三つの論理関係は、「イコールの関係」「対立関係」「原因と結果の関係」でした。これらの論理を使って、自分の意見を他者（特定のだれかではなく、だれだかわからない多数の人）に向かって説明していきましょう。今回は「原因と結果の関係」を使って書いていきます。

まずは「自分の意見」について、だれが読んでもわかるように理由を書く練習をしましょう。

1 例文では、冒頭の「わたしは、夏休みと冬休みでは、冬休みのほうが好きです」が、「自分の意見」にあたります。作文では、自分の意見が何かをはじめに明確にすることが大切です。読み手にとって、書き手が何を言いたいのかがわからなければ、文章を読み進めることが難しくなります。

2 では、なぜ冬休みのほうが好きなのか、だれにでもわかるようにその理由を説明しましょう。理由を書くことで、「自分の意見」がより説得力のあるものになるのです。

「なぜなら〜から」という決まった言い方にも注意が必要です。「なぜなら」の後の、「冬休みには、クリスマスがあるからです」が理由です。また次の「クリスマスになると町もきれいになるし、家ではケーキを食べたり、プレゼントをもらったりできるので」も、理由を表す「ので」があることから、理由の具体的説明だとわかります。

70〜73ページの答え

テーマ **習《なら》い事《ごと》をするなら、英語《えいご》と水泳《すいえい》のどちらがよいですか。**

このテーマについて、あなたの意見《いけん》と、その理由《りゆう》をメモします。

❶ 意見を書きましょう。

わたしは、習い事をするなら

例 **英語がよい。**

だれが読んでも、わかるような理由になっているかな。

❷ 理由を書きましょう。

例 **ざっかが好きなので、しょう来、たくさんの国に行って買い物をしてみたいから。そのためには英語が話せるほうが便利だと思うから。**

❸ 「だから」の後に、言いたいこと（意見）をもう一度《いちど》書きましょう。

だから、

例 **英語を習って、話したり読んだりできるようになりたい。**

❹ ❶〜❸で書いた意見と理由をまとめて、一〇〇字〜二〇〇字の作文を書きましょう。

例

わたしは、習い事をするなら英語がよいと思います。
なぜなら、わたしはざっかが好きなので、しょう来、たくさんの国に行って買い物をしてみたいからです。そのためには英語が話せるほうが便利だと思うからです。
だから、わたしは早く英語を習って、話したり読んだりできるようになりたいと思います。

（ますはあまってもかまいません。）

書く手順

まず、自分の意見を書くんだね。理由は「なぜなら」に続《つづ》けて書くよ。

ステップ 12 意見と理由を書く

71 第三部 論理力を使って、作文を書こう 70

では、今度は自分で短い作文を書いてみましょう。

❶ まず、自分なら「英語」と「水泳」のどちらを習いたいのか、どちらかに決めましょう。作文の練習ですから、どちらも好きでなくても、必ずどちらかに決めます。

❷ 作文の読み手は、だれだかわからない多数の人です。そのみんなにわかるように、理由をしっかりと考えましょう。英語を習うとすれば、たとえば「わたしはざっかが好きなので、しょう来、たくさんの国に行って買い物をしてみたいから。そのためには英語が話せるほうが便利だと思うから」などとなります。

水泳を習うとするなら、「小学生のうちに体をきたえておくことが大切だから」とか、「泳げるようになると、海や川でおぼれる危険性が少なくなるから」「もともと泳ぐことが好きなので、もっと上手に泳げるようになりたいから」などが考えられますね。

もちろん、どんな理由でもかまわないのですが、作文を書くときには、「なぜなら〜から」という形で書くようにしましょう。

❸ 理由で終わる文章は、まとまりに欠けています。最後に、もう一度書く「結論」を考えます。たとえば、「だから、わたしは早く英語を習って、話したり読んだりできるようになりたい」などと、まとめます。

❹ ❶〜❸のメモをまとめて作文に書くと、論理的な文章が出来上がります。❶・❷・❸のそれぞれがまとまった内容なので、それぞれが段落となります。最初の一文は一ますあけて書きはじめます。また各段落のはじめも一ますあけて書きましょう。

テーマ　ボランティア活動《かつどう》をするなら、どんなことをしてみたいですか。

ボランティアという言葉《ことば》を知っていますか。社会のためになることを、自分から進《すす》んでお金をもらわずに行うことです。公民館《こうみんかん》や図書館に行くと、地いきでも、点字やろう読などのボランティア活動をしていることがあります。

もしも、あなたがボランティア活動をするとしたら、どんなことをしてみたいですか。次《つぎ》の中から一つ選《えら》んで、その理《り》由《ゆう》を二つメモしましょう。

- 公園の落《お》ち葉《ば》やゴミを拾《ひろ》う活動
- 老人《ろうじん》がくらすしせつに行って、歌をうたったり、いっしょにダンスをしたりする活動
- きびしいくらしをしている海外の子どもたちのために、衣服《いふく》や毛布《もうふ》を集《あつ》めて送《おく》る活動

❶ わたしは、ボランティアをするなら

例　公園の落ち葉やゴミを拾う活動をしてみたい。

❷ 理由は二つあります。一つめは、

例　わたしは公園が大好きで、よく行くところなので、そこがきれいになれば自分もうれしいと思うから。

二つめは、

例　家には庭がないので、大きなほうきを使って、ざっざっと音をたてながら、落ち葉をたくさん集めてみたいから。

❸ ❶と❷で書いた意見《いけん》と理由をまとめて、二〇〇字以内《いない》の作文を書きましょう。理由を書くときは、「理由は二つあります。一つめは～。二つめは～。」の形で書きましょう。

例　わたしは、ボランティアをするなら公園の落ち葉やゴミを拾う活動をしてみたいです。

理由は二つあります。一つめは、わたしは公園が大好きで、よく行くので、そこがきれいになれば自分もうれしいと思うからです。

二つめは、家には庭がないので、大きなほうきを使って、ざっざっと音をたてながら、落ち葉をたくさん集めてみたいからです。

だから、わたしは公園でボランティアをして、気持ちのよい場所にしたいと思います。


（ますはあまってもかまいません。）

論理的《ろんりてき》作文のポイント
与《あた》えられたテーマについて、よくわからない場合は、本や事典《じてん》などで調《しら》べましょう。
意見や理由を書くときは事実《じじつ》をもとにして書くことが大切です。

ステップ12　意見と理由を書く

71　第三部「論理力を使って、作文を書こう」　72

様々なテーマで短い作文を書いてみましょう。

❶ 三つのボランティアのうち、どれか一つを選びます。あくまで練習ですから、順番にそれぞれのテーマで作文を書いてみてもいいですね。

❷ 理由を二つ考えましょう。もちろん、それぞれ「～から」という形で書きます。

・公園の落ち葉やゴミを拾う活動なら、
「わたしは公園が大好きで、よく行くところなので、そこがきれいになれば自分もうれしいと思うから」「家には庭がないので、大きなほうきを使って、ざっざっと音をたてながら、落ち葉をたくさん集めてみたいから」

・老人がくらすしせつに行って、歌をうたったり、いっしょにダンスをしたりする活動なら、
「家族とはなれてくらす老人はさみしいと思うから」「歌を歌ったり、ダンスをいっしょにすることで、喜んでもらえたり、元気になってもらえたりするから」

・きびしいくらしをしている海外の子どもたちのために、衣服や毛布を集めて送る活動なら、
「自分たちと同じ子どもなのに、大変なくらしをしているので、少しでも役に立ちたいと思ったから」「自分たちが使わないものを必要な人に利用してほしいと思ったから」

などが考えられますね。

❸ ❶と❷をまとめます。理由が二つある場合は、「理由は二つあります。一つめは～。二つめは～」という書き方をすると、とてもわかりやすくなりますね。

74〜75ページの答え

テーマ　休日に行くなら、動物園《どうぶつえん》と遊園地《ゆうえんち》のどちらがよいですか。

❶ 動物園に行きたい人の気持《きも》ちになって、その理由《りゆう》を考えてメモしましょう。

例
いろいろな動物のすがたを見るのが好きだ。
えさを食べているところがおもしろい。
ゾウが鼻を使って草を口に持って行くようすは何度見てもあきない。

❷ 遊園地に行きたい人の気持ちになって、その理由を考えてメモしましょう。

例
ジェットコースターに乗ったときの、体をふり回されるような感覚が、こわいけれど好きだ。
この楽しさは、ほかの乗り物ではぜったいに感じられないと思う。

❸ それぞれに行きたい人の意見《いけん》と理由を書きましょう。

動物園
例
わたしは、休日に行くなら動物園に行きたいです。
なぜなら、いろいろな動物のすがたを見るのが好きだし、何よりえさを食べているところがおもしろいからです。

（ますはあまってもかまいません。）

遊園地
例
わたしは、休日に行くなら遊園地に行きたいです。
なぜなら、ジェットコースターに乗ったときの、体をふり回されるような感覚が、こわいけれど好きだからです。

（ますはあまってもかまいません。）

論理的《ろんりてき》作文のポイント
自分の意見を書くときには、自分とは違《ちが》う意見を持つ人の気持ちも考えることが大切です。自分とはちがう意見を持つ人には、どんな理由があるのかを具体《ぐたい》的《てき》に考え、相手《あいて》の意見にもすじが通っていることを理解《りかい》することで、自分の文章《ぶんしょう》が思いやりと説得力《せっとくりょく》のあるものになるのです。
この練習《れんしゅう》は、ディベート力の強化《きょうか》にもつながります。

ステップ 12 意見と理由を書く

75　第三部　論理力を使って、作文を書こう　　74

論理的な文章を書くための練習です。そのためにはものごとを論理的に考え、それを論理的に整理しなければなりません。自分でも整理できていないことを、人が読んで理解できるはずがないのです。

これは、自分とは違う意見を持つ人が、どういう理由でその意見を持つに至ったのかを想像する練習です。自分とは違う意見を持つ人に対して、「自分と違うから」と否定するのではなく、相手の意見にも筋が通っていると理解することが大切です。また、その相手に対して、自分の考えを理解してもらうためには、筋道を立てて理由を説明しなければならないということを意識するきっかけにもなります。

❶ 動物園に行きたい人の気持ちになって、その理由を考えます。たとえば、「いろいろな動物のすがたを見るのが好き」「えさを食べているところがおもしろい」などです。さらに、「ゾウが鼻を使って草を口に持っていくようすは何度見てもあきない」などと、具体的説明を書くとよいでしょう。

❷ 遊園地に行きたい人の気持ちになって、その理由を考えます。たとえば、「ジェットコースターに乗ったときの、体をふり回されるような感覚が、こわいけれど好き」などです。さらに、「この楽しさは、ほかの乗り物ではぜったいに感じられないと思う」などと、具体的説明を書くとよいでしょう。

❸ ❶と❷を作文にまとめます。意見と理由、理由の具体的説明を書きましょう。理由を書くときは、文末を「〜からです（だ）。」にしましょう。

自分とは違う意見とその理由までを書けるようになると、たとえば、次のような型で、大人が書くような小論文が書けるようになります。

私はAがよいと思います。（意見）
なぜなら　○○だからです。（理由）
たしかに　Bは△△です。（自分とは違う意見の理由）
しかし　B（△△）だと、□□になってしまいます。（自分とは違う意見への反論）
だから　私はAがよいと思います。（意見）

76〜77ページの答え

ステップ 13

具《ぐ》体《たい》例《れい》を書く

月　日

このステップでは

実際《じっさい》にあったことや見たこと、または新聞や本で読んだことを書くことで、自分の意見《いけん》や理由《りゆう》をわかりやすく説明《せつめい》することができます。これが具体例です。

意見　エスカレーターでは歩かないほうがよいと思う。

具体例　先週の日曜日、ショッピングセンターで、エスカレーターを早足であがってくる人が、おばあさんにぶつかっていた。最近《さいきん》、駅《えき》でエスカレーターは歩かずにとまって乗《の》ってくださいと書いてあるのを見た。

結《けつ》論《ろん》　みんなが安全《あんぜん》に通行できるようにするためにも、エスカレーターを歩く習慣《しゅうかん》をかえるとよいと思う。

実際に自分が体《たい》験《けん》したことを書いているわね。

意見を言う理由がよくわかるね。

意見　わたしはパソコンを使《つか》う練習《れんしゅう》をしようと思う。

具体例　新聞を読んでいたら、今の子どももやわかい人は、パソコンのキーボードがうまく使えないという記事《きじ》がのっていた。わたしも、タブレットで勉強《べんきょう》したりゲームをしたりするが、パソコンはあまり使わない。しかし、高校生や大学生になったら、キーボードを使って文字を打《う》つことが必要《ひつよう》になると書かれていた。

結論　だから、タブレットばかり使わず、調《しら》べものをパソコンでしたり、文字の入力が速《はや》くできるようになろうと思う。

新聞を読んで、そう思うようになったんだね。パソコンを使う練習をしたい理由が伝《つた》わりやすくなるね。

だれかに聞いたのではなく、新聞に書いてあったのだから、作文を読む人もなっとくしやすいわね。

論《ろん》理《り》的《てき》作文のポイント

意見や理由を書くときには、具体例（経験《けいけん》したことや、見たり聞いたりしたこと）を書いて、読む人がなっとくしやすい文章《ぶんしょう》にしましょう。

くわしい考え方

すでに習った「イコールの関係」を思い出してください。「自分の意見」をだれかにわかってもらうためには、ただ「意見」を書くだけでは説得力がありません。必ず自分の経験や、なるほどと思ってもらえるようなわかりやすい例を考えましょう。

では、例文で学習してみましょう。

「意見」は「エスカレーターでは歩かないほうがよい」ですね。もちろん、理由は危ないからですが、それをわかってもらうためには、エスカレーターを歩いていて危ないと思った具体例を書けば、みんなになるほどと思ってもらえるはずです。

「先週の日曜日、ショッピングセンターで、エスカレーターを早足であがってくる人が、おばあさんにぶつかっていた」「最近、駅でエスカレーターは歩かずにとまって乗ってくださいと書いてあるのを見た」などが具体例です。どちらも自分が実際に体験した事実を書いています。

最後に「結論」をまとめます。「みんなが安全に通行できるようにするためにも、エスカレーターを歩く習慣をかえるとよいと思う」と、まとめています。

もう一つ、例文を見て学習しましょう。

「意見」は「わたしはパソコンを使う練習をしようと思う」です。例文での具体例は、実際の自分の体験ではなく、新聞で読んだ「事実」です。このように自分の体験や事実だけでなく、人から聞いた話や、新聞や有名な人の書いた文章（引用）を紹介する場合もあります。

最後の「結論」ですが、「だから」を使って「結論」を書き、スッキリとわかりやすくまとめています。

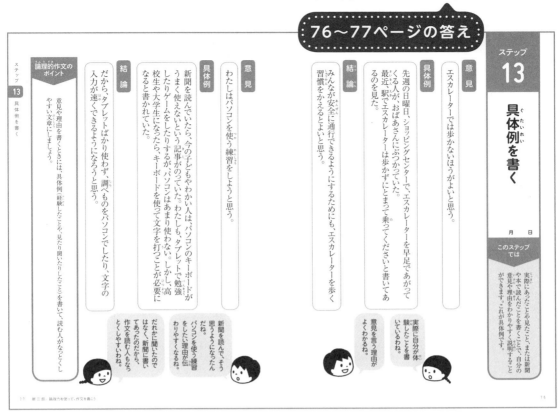

78〜79ページの答え

では、具体例《ぐたいれい》を入れた作文を書いてみましょう。何を書いてもかまいませんが、思いつかない場合は、次《つぎ》のテーマで書いてください。

テーマ 学校や家での習慣《しゅうかん》や行動《こうどう》、または町で見かけたことで「こうしたほうがよい、変《か》えたほうがよい」と思う点はありますか。

意見《いけん》 例 公園や図書館などは自転車置き場をもっとふやすとよいと思う。

具体例 例 いつも行く公園には、自転車置き場が少ないので、歩道に自転車がずらりととめられている。図書館でも同じように近くの歩道に自転車をとめている人がいる。歩いている人のめいわくになるし、とめてはいけないと思うが、自転車でしか公園や図書館に来られない人もいる。

結論《けつろん》 例 自転車の人も、歩く人も、公園や図書館を使いやすくするために、自転車置き場をもっとふやすとよいと思う。

右に書いた意見と具体例、結論をまとめて作文を書きましょう。

例

わたしは、公園や図書館などは自転車置き場をもっとふやすとよいと思う。

いつも行く公園には、自転車置き場が少ないので、歩道に自転車がずらりととめられている。図書館でも同じように近くの歩道に自転車をとめている人がいる。歩いている人のめいわくになるし、とめてはいけないと思うが、自転車でしか公園や図書館に来られない人もいる。

自転車の人も、歩く人も、公園や図書館を使いやすくするために、自転車置き場をもっとふやすとよいと思う。

（ますはあまってもかまいません。）

論理的《ろんりてき》作文のポイント

具体例は、自分が体験《たいけん》したことや見たり聞いたりしたことを書きます。

意見や理由《りゆう》と、その具体例がきちんとつながっているか考えて書きましょう。

ステップ 13 具体例を書く

79 第三部 論理力を使って、作文を書こう　78

それでは、自分で具体例を使った作文を書いてみましょう。いきなり作文を書くのではなく、「意見」「具体例」「結論」をそれぞれ考え、最後にそれらをまとめましょう。この三つがきちんとつながっているか、確認してから、作文を書いていきます。

意見

たとえば、「公園や図書館などは自転車置き場をもっとふやすとよい」が、「自分の意見」だとしましょう。

具体例

今度は実際に、自転車置き場が少なくて困ったという、自分の経験を考えます。少し長い作文を書く必要があるなら、よりくわしく具体例を書きましょう。

「いつも行く公園には、自転車置き場が少ないので、歩道に自転車がずらりととめられている。図書館でも同じように近くの歩道に自転車をとめている人がいる。歩いている人のめいわくになるし、とめてはいけないと思うが、自転車でしか公園や図書館に来られない人もいる。」が、具体例です。

結論

「結論」は、冒頭の「意見」と同じ内容にします。

A　自分の意見

＝

A´　具体例・具体的説明

＝

A　結論（自分の意見）

という「イコールの関係」の文章です。

最後に論理を意識して、これらをまとめます。それぞれの文章が一つの段落になります。最初の文と、段落の始めは、一ますあけることにも注意しましょう。読み返してみて、意見と具体例、結論がきちんとつながっているか、確かめましょう。

80～81ページの答え

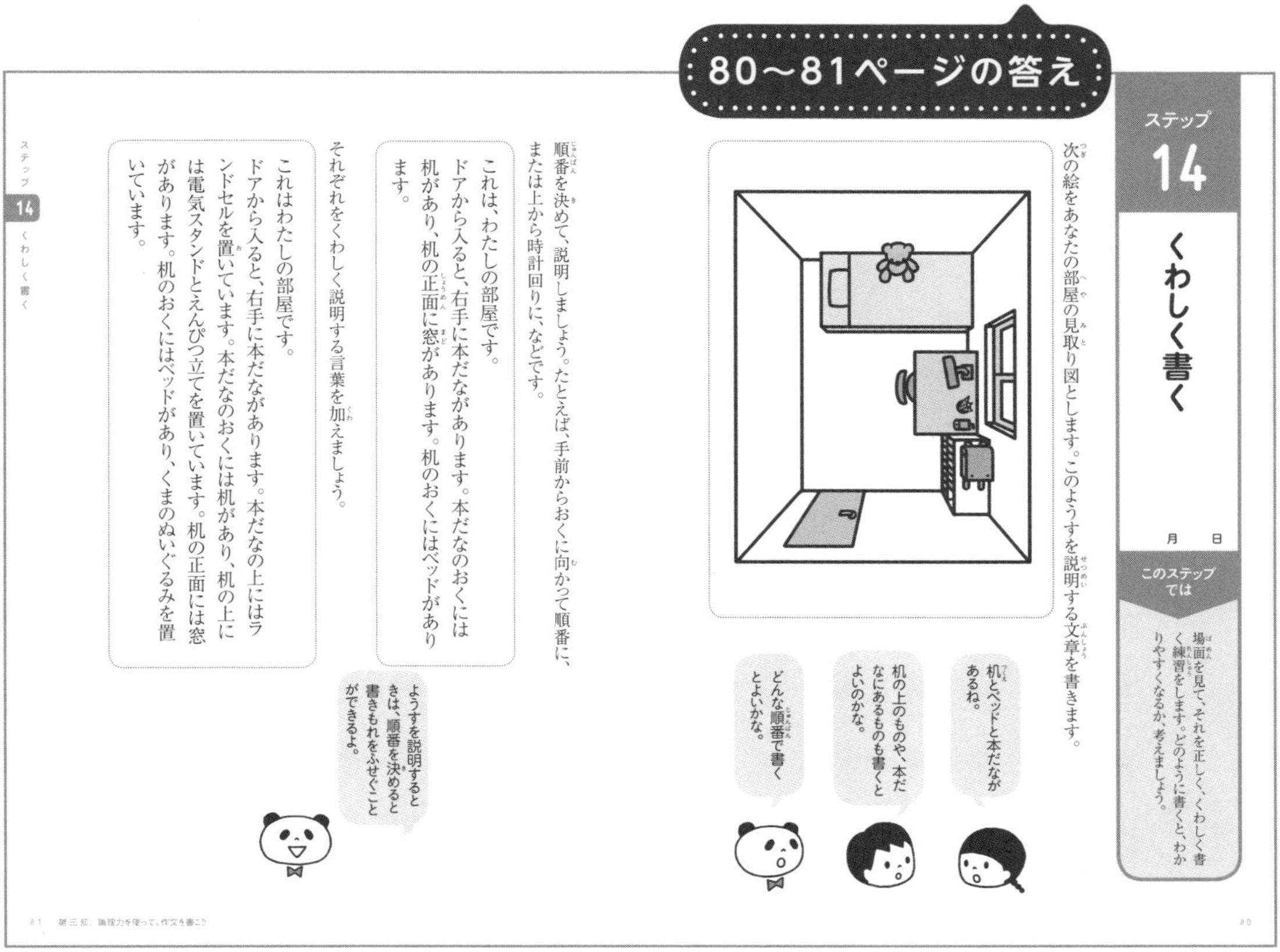

ステップ 14

くわしく書く

月　日

このステップでは

場面《ばめん》を見て、それを正しく、くわしく書く練習《れんしゅう》をします。どのように書くと、わかりやすくなるか、考えましょう。

次《つぎ》の絵をあなたの部屋《へや》の見取《みと》り図とします。このようすを説明《せつめい》する文章《ぶんしょう》を書きます。

机《つくえ》とベッドと本だながあるね。
机の上のものや、本だなにあるものも書くとよいのかな。
どんな順番《じゅんばん》で書くとよいかな。

順番《じゅんばん》を決《き》めて、説明しましょう。たとえば、手前からおくに向《む》かって順番に、または上から時計回りに、などです。

これは、わたしの部屋です。
ドアから入ると、右手に本だながあります。本だなのおくには机があり、机の正面《しょうめん》に窓《まど》があります。机のおくにはベッドがあります。

ようすを説明するときは、順番を決《き》めると書きもれをふせぐことができるよ。

それぞれをくわしく説明する言葉を加《くわ》えましょう。

これはわたしの部屋です。
ドアから入ると、右手に本だながあります。本だなの上にはランドセルを置《お》いています。本だなのおくには机があり、机の上には電気スタンドとえんぴつ立てを置いています。机の正面には窓があります。机のおくにはベッドがあり、くまのぬいぐるみを置いています。

ステップ 14 くわしく書く

80　81　第三部　論理力を使って、作文を書こう

くわしい考え方

「描写」とは、今、自分が見ているものや様子、表したいものや様子などを、それを見ていない人、知らない人にもわかるように、正確に表現することです。そのためには、思いつくままに書くのではなく、わかりやすく順番に書く必要があります。順番に説明することで、書きもれをなくすだけでなく、読み手も頭の中で整理できて、理解しやすくなるのです。

例題を読みましょう。「これは、わたしの部屋です」が、「筆者の主張」＝「抽象」の役割ですね。後は、その具体的説明です。

まず、部屋にはドアから入りますね。そこで、ドアを開けてから、手前からおくへ順番に説明していけばわかりやすくなります。

「ドアから入ると、右手に本だながあります。本だなのおくには机があり、机の正面には窓があります。机のおくにはベッドがあります。」

次に、くわしく説明する言葉を加えます。

「本だなのおくには机があり、机の上には電気スタンドとえんぴつ立てを置いています。机の正面には窓があります。机のおくにはベッドがあり、くまのぬいぐるみを置いています。」

という具合に、最初に大きなものを描写し、もし、字数が決められていれば、字数に応じて、よりくわしい説明を付け加えるようにしましょう。

82～85ページの答え

次《つぎ》の絵を見て、ようすを説明《せつめい》する文章《ぶんしょう》を書きます。どのような順番《じゅんばん》、方法《ほうほう》で書くとよいか、わかりますか。

何があるかな。
ブランコ、花だんなどがあるね。
ブランコはいくつあるかな。花だんのようすはどうかな。くわしくわかる言《こと》葉《ば》を書こう。

80～81ページのように、わかりやすい順番になるようにして、公園のようすを説明する文章を書きましょう。

例

これは、わたしの家の近くにある公園です。公園の入り口を入ると、左にベンチが二つあります。そのおくには、ブランコがあります。ブランコも二つあります。

そして、入り口の右側には、花だんがあります。今、花だんにはチューリップが八本さいています。花だんのおくにはジャングルジムがあります。

公園のいちばんおくには、大きな木が五本植えられています。

（ますはあまってもかまいません。）

論理的《ろんりてき》作文のポイント

この場合も、「入り口から入って左手に」など、順番を決《き》めて書きましょう。数がわかるものは数を書くと、わかりやすくなります。

今度は公園を描写しましょう。今あなたが見ている公園を、それを見ていない人にうまく伝わるように描写します。

部屋と比べて公園は大きいので、入り口の近くから順番に説明します。左から順番でも、右から順番でもかまいませんが、順番通り説明することが必要です。

最初に全体の話をします。「これは、わたしの家の近くにある公園です」が、公園全体の説明ですね。次に、順番に具体的に説明していきます。

「公園の入り口を入ると、左にベンチが二つあります。そのおくには、ブランコがあります。ブランコも二つあります」

次に、右から順番に説明します。

「そして、入り口の右側には、花だんがあります。今、花だんにはチューリップが八本さいています。花だんのおくにはジャングルジムがあります」

最後に入り口から遠いものを説明します。

「公園のいちばんおくには、大きな木が五本植えられています」

このように順番通りに書くと、説明しやすいですね。数がわかっているものは、その数を書くと、よりくわしい説明になります。

次《つぎ》の絵の、手前にいる女の子があなただとします。このようすを説明《せつめい》する文章《ぶんしょう》を書きます。

雨がふっているね。学校帰りのようすかな。
男の人が自転車《じてんしゃ》に乗《の》っているね。
あぶなくないのかな。

「いつ、どこで、だれが、どうする」を書きましょう。

今日は雨でした。学校の帰り道、わたしは自転車に乗っている人を見ました。

それに対《たい》して自分がどう考えたかを書きましょう。

レインコートのフードで前が見えにくかったり、タイヤがすべりやすくなったりするので、あぶないと思いました。

また、歩いている人もかさをさしているので、自転車に気づきにくいようでした。自分がだいじょうぶだと思っていても、相手《あいて》がよけてくれなくて、じこになるかもしれないし、小さな子どもやお母さんは、こわいと感《かん》じるかもしれません。

場面《ばめん》の絵を見て、考えられることをできるだけくわしく書こう。何に対して、こう考えた、ということがわかるように書こうね。

結《けつ》論《ろん》

雨の日はできるだけ自転車に乗らないほうがよいと思いました。雨の日に自転車に乗る必要《ひつよう》があるなら、ゆっくり走るようにして、ふだんよりも歩行者《ほこうしゃ》のめいわくにならないように気をつけるべきだと思います。

次は様子を描写する練習です。

「わたし」はかさをさして、様子を見ている女の子ですね。

「いつ、どこで、だれが、どうする」を書きましょう。

全体の様子を、それを見ていない人にもわかるように説明するためには、「いつ、どこで、だれが、どうする」を描写すればいいですね。

「いつ」は「今日」で、雨が降っています。「どこで」は「学校の帰り道」、「だれが」は「わたしは」で、「どうする」は「自転車に乗っている人を見ました」です。

それに対して自分がどう考えたかを書きましょう。

雨なのに、自転車に乗っている人がいるので、危ないと思ったはずですね。どのように危ないのか、なるべくくわしく書きましょう。ここでも順番に書いていきます。

まず自転車に乗っている人についてです。

「レインコートのフードで前が見えにくかったり、タイヤがすべりやすくなったりするので、あぶないと思いました。」のように、様子をくわしく書いた後、自分の意見を書きましょう。

次に、歩いている人についてです。

「歩いている人もかさをさしているので、自転車に気づきにくいようでした。自分がだいじょうぶだと思っていても、相手がよけてくれなくて、じこになるかもしれないし、小さな子どもやお母さんは、こわいと感じるかもしれません」と、こちらも同様に様子がわかるように書きましょう。

結論

ここまで、様子の描写と、それについての自分の考えを書いてきました。最後に、そこから導くことができる意見を書きましょう。

「雨の日はできるだけ自転車に乗らないほうがよいと思いました。雨の日に自転車に乗る必要があるなら、ゆっくり走るようにして、ふだんよりも歩行者のめいわくにならないように気をつけるべきだと思います。」

86～87ページの答え

次《つぎ》の絵で、ねている女の子があなただとします。このようすを説明《せつめい》する文章《ぶんしょう》を書きます。

12/29
カレンダーに十二月二十九日とあるね。
ねている女の子は、かぜをひいたのかな。
家の人はそうじをしているわよ。

84～85ページのように、ようすがわかるように説明し、それに対《たい》して自分がどう考えたか、結論《けつろん》も書きましょう。

例

　わたしは十二月の二十九日にかぜで熱を出して、ねこんでしまいました。家では両親がまどをふいたり、電気のかさをふいたりと、いそがしそうに大そうじをしていました。
　本当は、わたしも自分の部屋のそうじをして、マンガの本を整理したり、家のそうじの手伝いをしたりすることになっていたので、こんな日に熱を出してしまって、悪いなと思いました。
　かぜが治ったら少しでも大そうじの手伝いをして、気持ちよくお正月をむかえることができればよいなと思いました。

（ますはあまってもかまいません。）

「いつ、どこで、だれが、どうする」を書きましょう。

それに対して自分がどう考えたかを書きましょう。

結論を書きましょう。

くわしい考え方

次は場面を見て描写する練習です。「わたし」は、ふとんでねている女の子ですね。

・「いつ、どこで、だれが、どうする」を書こう。

場面から「いつ、どこで、だれが、どうする」を読み取って描写すればいいですね。「いつ」は、カレンダーに「十二月二十九日」とあります。年末であることがわかりますね。「どこ」は「家」で、「だれが」「どうする」は、「わたしは」「（かぜで熱を出して）ねている」です。また、家族がぞうきんを持ってそうじをしています。くわしく書くと、窓ガラスや電気のかさをふいている、です。年末だから大そうじですね。

・それに対して、自分がどう考えたかを書こう。

かぜでねているので、せっかくの冬休みなのに遊びに行けずに残念だ、でも間違いではありません。しかし、家族が大そうじをしていることから、「手伝ったり、自分の部屋をかたづけたりしなければいけないのに、めいわくをかけた」と書く方が場面をよく表していると言えるでしょう。

・結論

場面の描写と、それについての自分の考えを書いたら、最後に、まとめになる部分を書きましょう。

「かぜをはやく治したい」「自分の部屋のそうじをしなければならない」「お正月は家族で遊びたい」など、「かぜが治ったらどうしたいか」や、「健康管理は大切だ」など、かぜをひいたことから導くことができる意見を書きましょう。

88～89ページの答え

ステップ 15

作文を書こう

月　日

このステップでは

これまでに学習《がくしゅう》したことを使《つか》って、仕上《しあ》げの作文を書きましょう。

テーマ 1　自由研究《じゆうけんきゅう》では、何をしたいと思いますか。工作、理科や社会科の研究など、してみたいことを決《き》めて、なぜそれがしたいのか、理由《りゆう》を書きましょう。　きっかけとなった具体例《ぐたいれい》（体験《たいけん》したことや、見たり聞いたりしたこと）があれば、それも書きましょう。

例

ぼくは自由研究に、市の地図を作ってみようと思います。ふつうに紙に地図をかくのではなく、紙ねん土などを使って、立体的に作ろうと考えています。

立体の地図を作ろうと思ったのは、社会科の時間に地図について習ったとき、この地図が、前に鉄道の資料館で見たジオラマみたいになっていたら楽しいだろうなと思ったからです。

市のことをいろいろ習ったり、あちこちに出かけることも多かったりしたので、夏休みを使って、じっさいに形にしてみようと思いました。

しかし、市の全体を作るのはたいへんそうだし、市の地図なら他にもいろいろあるので、校区だけの地図を作ってみようと思います。そのために、校区の中の土地の高さがわかる資料がないか、図書館や市の資料館などで調べてみようと思います。

また、ふつうの地図には書かれていない建物や、小さな神社なども入れたいと思うので、それについても調べたいと思います。

完成して、みんなに見てもらうのが楽しみです。

（ますはあまってもかまいません。）

自由研究のテーマを書きましょう。

テーマを選《えら》んだ理由を書きましょう。

じっさいにどんなことを調《しら》べるのか（工夫《くふう》するのか）を書きましょう。

まとめの言葉《ことば》（自分の意見《いけん》や、最後《さいご》に読み手に伝《つた》えたいこと）を書きましょう。

ステップ 15 作文を書こう

88　89　第三部　論理力を使って、作文を書こう

くわしい考え方

今まで学習したことを使って、実際に作文を書いてみましょう。自由に書いていいのですが、他者に向けて書くのですから、読み手はあなたのことを知らない人だと思って、正確な文で、論理的に書くことを心がけましょう。

「意見」「理由」「具体例」「結論」など、それぞれ何を書くのか、頭の中を整理し、それぞれ段落に分けて書きましょう。

テーマ1

「意見」

まず何を自由研究に選ぶのかを決めます。最初に「自分の意見」を書きましょう。

(例) 紙ねん土などを使って、市の地図を作る。

「理由」

次に、なぜそれを選んだのか、その理由を書きます。

(例) 社会科の時間に地図を習ったとき、この地図がジオラマみたいに立体的になったら楽しいだろうと思ったから。

「具体例」

次に具体的説明です。実際にどのようなことを調べたり、どのような工夫をしようとしたりしているのかを書きます。読む人が納得できるように、自分の意見を具体的に説明しているか、確かめてください。あまり関係のない話や、意見の具体例になっていない内容だと、何を書いた作文かがわからなくなります。

逆接の「しかし」を使うときは、「意見」を「しかし」の後に書くと効果的です。

「結論」

「結論」あるいは、「まとめ」です。冒頭の「意見」をもう一度まとめたり、いちばん伝えたいことを書いたりします。

90～93ページの答え

テーマ 2　これから、チャレンジしてみたいことは何ですか。来年になったら、高学年あるいは中学生になったら、どんなことがしてみたいですか。してみたいことを決《き》めて、なぜそれがしたいのか、理由《りゆう》を書きましょう。きっかけとなった具体例《ぐたいれい》（体験《たいけん》したことや、見たり聞いたりしたこと）があれば、それも書きましょう。

例

わたしは六年生になったら、一人で電車に乗って、京都に住むおじさんの家まで行きたいと思っています。

おととし、お兄さんが六年生になったとき、初めて一人で行って、楽しかったと言っていたので、わたしもやってみたいと思いました。お兄さんは京都でおいしいものを食べたり、有名なお寺や神社で写真をとったりして、とてもいい思い出になったそうです。

しかし、わたしが一人でも行ってみたいと思ったいちばんの理由は、京都の美じゅつ館に行きたいと思ったからです。わたしは絵を習っているので、大きな美じゅつ館や、国宝の絵がある博物館、マンガの博物館など、いろいろなしせつに行ってみたいと思いました。

わたしが住んでいる町では、自転車以外はすべて車でいどうするので、電車に乗ることはありません。これまでに電車に一人で乗ったことがないので、少し不安です。お父さんとインターネットで調べたら、一度乗りかえをして、全部で三時間半もかかるとわかりました。

それでも、美じゅつ館や博物館に行ってみたいので、一人で電車に乗って京都に行ってみようと思います。

（ますはあまってもかまいません。）

チャレンジしたいことを書きましょう。

その理由を書きましょう。

チャレンジしたいことは、どんなことがむずかしそうですか？その内ようを書きましょう。

まとめの言葉《ことば》を書きましょう。

テーマ2

今度のテーマは、チャレンジしたいことです。何にチャレンジしたいのか、どうしてそう思ったのかなど、あなたのことを知らない人でも、なるほどと納得できるように、説得力のある文章を書きましょう。

［意見］

(例) 一人で電車に乗り、京都に住むおじさんの家に行きたい。

最初に、「意見」を書くのでしたね。

［理由］

なぜ、それにチャレンジしたいのか、その理由を書きます。かなり長い文章を書かなければならないので、段落も意識しましょう。まとまった内容ごとに段落を作ります。まず自分の意見と対立することを書いて、その後に「しかし」を用いて自分の意見を書くことで、より説得力のある文章になります。

(例) 水泳を習いたい（意見）→水泳教室は家から遠い→しかし、ぼくはがんばって通おうと思った。

［何が難しいのか］

またテーマが「チャレンジ」ですから、今まで経験したことがないはずです。そこで、それがいかに難しいのか、あるいは何が心配なのかを書いてもいいですね。

［結論］

最後にまとめです。「だから」を使って、その後に「結論」を持ってきてもいいですね。あるいは、上の例のように冒頭の「意見」をもう一度繰り返してもいいのです。

ステップ 15 作文を書こう

テーマ 3 グループ学習《がくしゅう》やチームで行うスポーツをするときに、必要《ひつよう》なことは何ですか。グループやチームで一つのことを行うとき、あなたはどんなことに気をつけていますか。意見《いけん》と、その理由《りゆう》を書きましょう。もし、そのようにしなければ、どうなるかも書いてみましょう。きっかけとなった具体例《ぐたいれい》（体験《たいけん》したことや、見たり聞いたりしたこと）があれば、それも書きましょう。

例

バスケットボールなどのチームでするスポーツや、グループで何かを調べるときなどに大切なことは、何のためにこれをするのか、目的を明らかにしておくことだと思います。それができていないと、一人一人がちがうことをしてしまい、よい結果が出ないと思うからです。

この前の社会科で、班で調べものをしたとき、同じようなことを調べた人が二人いたり、目的に合わないことを調べたりしてしまい、まとめるときに困ったことがありました。

だから、チームやグループで何かをするときは、目的を決めて、その結果に近づくために、一人一人の役わりを決めるとよいと思います。そうすれば、自分が何のためにしているかがわかるし、調べごとだと、それぞれが全体の意見をまとめやすくなると思います。

また、チームで何かをするときは、他の人がどんなようすかに気を配り、できていないときには助けてあげたり、あまり得意でないことを無理にしてもらわないようにしたりすることが必要だと思います。

チームやグループの目的のために、一人一人が力を出すことが自分のためにもみんなのためにもなると思います。

（ますはあまってもかまいません。）

チームやグループで何かをするときに必要なこと、気をつけたいことを書きましょう。

その理由を書きましょう。もし、気をつけなければどのようになってしまうか、具体例や、考えを書きましょう。

そのほかに気をつけることや、チームやグループで何かをすることのよい点を書きましょう。

まとめの言葉《ことば》を書きましょう。

92 第三部 論理力を使って、作文を書こう

テーマ3

まずテーマをよく読み込んで、理解しましょう。一人でやるのではなく、チームや仲間と行うために必要なことを書きます。

実際に作文を書く前に、短くていいので、今まで学習してきたように、どんな内容のことを書けばいいのか、メモをしておきましょう。そのメモを見て、論理的につながっているのかどうか、確認した後、実際に書いていきましょう。

またメモを参考に段落分けをしておきましょう。

［意見］

（例）目的を明らかにしておくことが大切。

［理由］

（例）目的が明らかでないと、一人一人がちがうことをしてしまう可能性がある。

［具体例］

目的を明らかにしなかったときに、どのようにうまくいかなかったか、その具体例を書きます。実際に、みんながばらばらで、うまくまとまらなかったときの具体例を考えましょう。このとき、「AだからB」という「原因と結果の関係」を使うと、効果的です。Aが困った例。「だから」の後、Bの部分にどうしたらいいのか（解決方法）を書きます。

また解決方法が二つあるならば、並列の「また」を使いましょう。

［結論］

最後はまとめです。

大切なことはメモの段階で、何をどのような順番で書くのか、意見→理由→具体例→結論のそれぞれにあてはめて、整理しておくことです。

94～95ページの答え

テーマ 4 この本で作文の練習《れんしゅう》をして、文章《ぶんしょう》を書くときにはどんなことが大切だと思うようになりましたか。これまで自分が書いてきた作文とくらべて書きましょう。また、作文の練習をしてわかったことや、文章を書くときに気をつけるようになったことなどを、具体例《ぐたいれい》を入れて書きましょう。

例

わたしは作文を書くとき、自分の意見がはっきり伝わるように書くことが大切だと思うようになりました。

これまでは、「遠足に行って楽しかった」という感想くらいしか書いていませんでした。しかし、それだけでは、読んだ人はよくわからないことに気がつきました。

作文の書き方を勉強してみると、ふだんなにげなく使っている言葉にもきまりがあり、そのきまりにしたがうと、考えたことが書きやすくなるとわかりました。「なぜなら」や「だから」の言葉を使うだけで、読む人がわかりやすくなるし、自分もどのように書けばよいのか、まようことがなくなったのです。

そして、以前は書くよりも話すほうが伝わりやすいと思っていましたが、クラスで発表するときなどは、書くときと同じようにきまりにそって話さないと、わかってもらえないのだと思いました。

これからわたしは、日本語のきまりにそって話したり書いたりするようにして、もっと長い文章も書けるようになりたいと思います。

（ますはあまってもかまいません。）

作文の練習をして、自分が大切だと思うようになったことを書きましょう。

これまで自分がどんなふうに作文を書いていたかを、書きましょう。

練習をしてわかったことや、作文を書くときに気をつけるようになったことを書きましょう。

まとめの言葉《ことば》を書きましょう。

95 第三部 論理力を使って、作文を書こう　94

テーマ4

いよいよ最後の練習です。要点をメモ書きし、それが論理的につながっているのか、確かめてから書きましょう。

一文一文が、正確な文になっているかも確認してください。主語と述語、目的語と述語が対応しているか、言葉のつながりは大丈夫か、接続語の使い方は正しいかなど、ここまで学習したことをすべておさらいするつもりで書きましょう。

［意見］

文章を書くときには、何が大切だと気がついたかを書きます。

［対立関係］

次に、この本で練習する前の自分の作文の書き方を書きます。これまでどのように作文を書いてきたのかをくわしく書きましょう。今の自分と前の自分を比べる「対立関係」ですね。

［どう書き方が変わったか］

次に、作文を練習して、書き方がどう変わったかをくわしく書きます。

［理由］

今までなぜうまく作文が書けなかったのか、どうして練習の後に書きやすくなったのかなど、その理由を書きます。この本で学習したのは、自分の感覚で何となく文を書くのではなく、日本語の規則や論理といった決まりにそって文章を書くことでした。

それがわかれば、自然と「まとめ」が書けるはずです。

［まとめ］

これからは、どのようなことに気をつけて文章を書くか、あるいは、どのような文章を書いてみたいかなど、まとめの言葉を書きましょう。

(例) 自分勝手に書くのではなく、きまりを使って文を書くようにしたい。

新入試に強い！　日本語論理トレーニング
15ステップですらすら書ける　出口汪の作文講座